아이들의 이름은
오늘입니다

.

THEIR NAME IS TODAY:
RECLAIMING CHILDHOOD IN A HOSTILE WORLD

by Johann Christoph Arnold

"얘들아, 오늘은 하루 종일 놀아라.
숲에 가서 놀든지, 개나 고양이와 함께 놀려무나."

아이들의 이름은

오늘입니다

Their Name Is Today

요한 크리스토프 아놀드

원마루 옮김

포이에마
POIEMA

일러두기

1. 이 책은 2000년에 미국에서 출간 후 한국에 번역·출간된 《아이는 기다려주지 않는다》의 전면 개정판
   이다. 2000년 이후 수집한 새로운 이야기를 수록했고 최신 교육 현안에 관한 다양한 자료를 추가했다.
   본문에 나오는 인물 중 일부는 사생활 보호를 위해 가명을 사용했다.

2. 작품 인용은 다음 번역본을 따랐다.
   표도르 미하일로비치 도스또예프스키, 《까라마조프 씨네 형제들》(상)(하), 이대우 옮김, 열린책들, 2006.
   고든 메리, 《공감의 뿌리》, 문희경 옮김, 샨티, 2010.

아이들의 이름은 오늘입니다

요한 크리스토프 아놀드 지음 | 원마루 옮김

1판 1쇄 발행 2014. 12. 1. | **1판 9쇄 발행** 2023. 5. 1. | **발행처** 포이에마 | **발행인** 고세규 | **등록번호**
제300-2006-190호 | **등록일자** 2006. 10. 16. | 서울특별시 종로구 북촌로 63-3 우편번호
03052 | 마케팅부 02)3668-3260, 편집부 02)730-8648, 팩스 02)745-4827

본 저작물의 한국어판 저작권은 Plough Publishing House와 독점 계약한 포이에마에 있습니다.
저작권법에 의하여 한국 내에서 보호받는 저작물이므로 무단전재와 무단복제를 금합니다.

값은 뒤표지에 있습니다. ISBN 978-89-97760-95-4 03230 | 독자의견 전화 02)730-8648 |
이메일 masterpiece@poiema.co.kr | 좋은 독자가 좋은 책을 만듭니다. | 포이에마는 독자 여러
분의 의견에 항상 귀를 기울이고 있습니다.

한 권의 책으로 세상을 바꿀 수는 없다.

하지만 부모와 교사라면 할 수 있다.

자기가 맡은 아이를 온 마음 다해 사랑한다면!

추천의 말

지금 행복해야 진짜 행복이다. 행복을 빼앗긴 이 땅의 아이들을 위한 곡진한 희망.

김진형 크리스채너티 투데이 코리아

우리 사회에서 어린이를 돌보는 가정과 공동체가 약화되고 있다는 걱정이 늘어나는 요즘, 희망을 확인하고 그 실현 방안을 찾을 수 있는 책을 추천하게 되어 기쁘다. 오랜 기간 학교 안팎에서 어린이와 부모와 교사의 성장을 응원해온 사람으로서 나의 모습을 되돌아볼 수 있었고 미래를 향한 힘을 다시 얻을 수 있었다. 이 책에서 내가 길어 올린 영감과 열정을 많은 분과 나눌 수 있기를 소망한다. 잘 다듬어진 번역에서 어린이에 대한 역자의 사랑을 진하게 느낄 수 있어서 더욱 고맙다.

이기범 숙명여대 교육학부 교수, 어린이어깨동무 상임이사

2008년 9월, 우리 부부는 브루더호프 공동체를 방문했다가 스테파니라는 갓난아기를 통해 하늘과 땅이 연결되는 순간을 경험했다. 스테파니는 극심한 장애로 5주밖에 살지 못했지만, 멀리 한국에서 온 우리 가족을 빛으로 이끌어주었다. 당시 우리 부부는 아이를 사산한 경험이 있었고, 장애가 있는 두 자녀를 키우는 중이었다. 5주 동안 우리 부부는 함께 울고 함께 기도했다. 그 경험 끝에 사산했던 우리의 아이는 무의미하게 잃어버린 생명이 아니라 천국에서 다시 만나고 싶은 그리운 가족이 되었다. 그리고 장애가 있는 두 자녀로 인한 인생의 힘겨움은 다른 부모가 경험하지 못하는 아름답고 풍성한 교훈으로 바뀌었다. 생명에 대한 경외심으로 가득 찬 이 책 속의 이야기를 읽노라면 하늘의 진정한 보화를 발견하게 될 것이다. 강력히 추천한다.

이헌주 말아톤복지재단 상임이사

무엇보다도 브루더호프 육아 서적에 손이 자주 가는 것은 따끔함과 따뜻함이 공존하기 때문이리라. 부모로서의 내 허물을 따끔하게 짚으면서도 잘할 수 있다며 따스하게 격려해주는 면모가 있다.

박총 《내 삶을 바꾼 한 구절》 저자

읽는 내내 마음이 불편했다. 분주함과 욕심 때문에 가정의 본질을 거의 잃어버린 한국 사회와 우리 어른들에게 경종을 울리는 글이다. 이미 너무 멀리 와버린 까닭에 돌아갈 길이 까마득해서 '이제 와 나더러 어쩌라고?' 하는 마음이 든 것도 사실이다. 그래서 마음이 더 불편했다. 지금 이 상황을 대체 어떻게 바꾼단 말인가, 한국에 살면서 어딘가 하나씩은 고장 나버린 부모의 심정을 알고나 하는 소린가, 항변하고 싶은 마음도 있었다. 하지만 지금 우리에게 필요한 것은 저자의 날카로운 지적과 통찰 앞에 핑계와 변명을 늘어놓는 것이 아니라 정직하게 문제를 직시하는 것임을 부인할 수 없다.

송인수 사교육걱정없는세상 공동대표

차분한 문장 속에 강한 호소력과 선명한 메시지가 담겨 있다. 자녀들에게 귀를 기울이길 바란다. 우리가 들어야 할 말이 많다.

베티 윌리엄스 노벨 평화상 수상자

마음에 깊은 울림을 주면서도 지나친 감상에 빠지지 않는다. 아이들이 어떻게 성장하는지를 보여주는 통찰로 가득하다. 모든 부모와 교사에게 일독을 권한다. 각 장마다 함께 숙고하고 논의할 주제가 펼쳐진다.

존 코 영국초등교육협회 회장

시의적절하게 나온 아름다운 책이다. 아이들과 함께 살아가며 성장하는 특권을 가진 모든 사람이 꼭 읽어야 할 책이다. 특히 마지막 메시지가 큰 울림을 준다. 저자는 아이들이 아주 어렸을 때의 기억을 평생 간직한다고 말한다. 따라서 아이들을 존중하고 사랑하는 어른은 아이가 기억의 창고에 긍정적인 기억을 모을 수 있게 돕는 것이란다. 그 기억이 평생 빛을 발하고 아이에게 힘을 줄 수 있도록!

마리언 다울링 영국 얼리에듀케이션 부대표

곤혹스럽다. 유년기를 주제로 할 이야기는 이미 다했다고 누가 말했던가? 한 장한 장 펼칠 때마다 깜짝 놀랐다.

다이안 콤프 예일대 소아과 명예교수

21세기 사회에서 유년기를 소중히 여기고 유년기 아이들을 양육하는 것보다 더어려운 과제는 없다. 때맞춰 나온 이 책은 어떻게 하면 전 세계가 이 과업을 잘 완수할 수 있는지 깊은 통찰과 영감을 준다.

배리 카펜터 교육 상담가

평생의 고민과 경험 가운데서 정수를 뽑아내고 그것을 아름다운 문체로 정리한보기 드문 수작이다. 도전 의식을 북돋고 가끔은 화를 돋우지만, 격려와 응원을아끼지 않는다. 유년기를 기쁨이 충만해야 할 시기로 묘사하고 그 핵심에 행복한가정생활이 있음을 보여준다.

아난드 슈클라 패밀리앤차일드케어트러스트 대표

모든 아이는 진정으로 사랑하고 존중하고 소중히 여겨야 할 존재임을 기억하라고, 그리고 부모들에게 지원을 아끼지 말라고 권면한다. 전 세계 교사와 정책 입안자가 꼭 읽어야 할 책이다.

트리샤 데이비드 캔터베리 크라이스트처치 대학 교육학과 명예교수

잠이 드는 순간까지 손에서 놓지 못하고 고개를 끄덕이며 읽었다. 아이들과 우리사회가 단순히 살아남는 데서 그치지 않고 건강하게 잘 자라고 번창하기 위해 필요한 것이 무엇인지 보여준다.

마저리 우브리 아동발달 상담가

차례

추천의 말 ● 6

서문 ● 10

머리말 ● 13

chapter 1   세상에는 아이들이 필요하다   ● 15

chapter 2   아이들이 할 일은 노는 것   ● 31

chapter 3   비뚤어진 기대감 내려놓기   ● 45

chapter 4   아이들에게는 빈 공간이 필요하다   ● 63

chapter 5   통장에 돈을 예금하는 것보다 중요한 것   ● 81

chapter 6   어른의 위선이라는 장애물   ● 97

chapter 7   진정한 훈육은 분노가 아닌 사랑에서   ● 115

chapter 8   다루기 힘든 아이들을 위한 찬가   ● 135

chapter 9   아이들을 숭상하는 마음   ● 157

chapter 10 곧 내일이 온다   ● 177

감사의 말 ● 195

주 ● 196

서문

아마 이렇게 짧은 서문은 처음일 거다!

왜 이렇게 짧으냐고?

여러분이 나의 벗 요한 크리스토프 아놀드의 책을 조금이라도 빨리 읽었으면 하기 때문이다.

정말 좋은 책이다.

크리스토프처럼 나도 여러 해 동안 다양한 나이 대의 아이들과 함께 지내는 영광을 누렸다. 대학 시절에는 여름 방학이면 도시에 있는 학교를 돌며 학업에 문제가 있는 학생들을 도왔다. 대학을 졸업하고는 볼티모어에서 범죄를 저지른 소년들과 함께하는 프로그램을 시작했다. 뒤에는 메릴랜드 주 의회에서 어린이와 청소년, 그리고 그들의 가족을 돕는 합동위원회 초대 위원으로 일했다. 국내외 아동 발달 전문가와 함께 일하면서 유치원에 들어가는 아이들이 배울 준비를 하도록 지원하는 법안도 통과시켰다. 지난 12년간은 세계 곳곳의 아이들이 인생을 정상적으로 출발하고 교육 기회를 얻고 위험으로부터 보호받을 수 있게 돕는 세이브더칠드런 활동에 동참했다. 이런 일을 하는 이유는 아이들의 유년 시절을 보호해야 마땅하다고 믿기 때문이다.

나는 아내 잔과 결혼하여 22년을 함께하며 몰리(16살), 토미(14살), 에마(9살), 세 아이를 두는 축복을 누렸다.

이 책을 읽는 여러분처럼 우리 부부도 전자 기기의 영향부터 학업 부담, 자유로운 놀이 시간 부족, 폭력과 빈곤까지 이 책이 다루고 있는 여러 문제와 씨름했다. 직접 아이들을 기르면서 이런 문제를 어떻게 풀어야 할지 열심히 궁리했다. 그런데 이런 문제는 아주 빠르고 맹렬하게 다가오는 탓에 자칫하면 짓눌리기 쉽다. 그래도 우리는 바르게 대응하려고 애썼고 아이들이 자라는 동안 수도 없이 방향을 틀어야 했다.

17년 전 우리가 부모가 되기 전에 크리스토프가 이 책을 썼다면 얼마나 좋았을까! 그랬다면 아이들을 양육하는 최전선은 물론이고 정치권과 직장에서도 도움을 많이 받았을 것이다.

이 책에서 소개한 사례들은 아내와 내가 우리 아이들과 아이들의 친구들을 대하는 길잡이가 되어주었다. 이 책을 읽는 독자들의 가정과 교실과 이웃에게도 똑같은 도움을 줄 것으로 확신한다.

자녀 교육에 관한 통찰을 얻고 싶다면, 자녀를 연민이 많고 배려심이 깊은 사람으로 키우고 싶다면, 지금보다 더 용감하고 자신감 있고 독립적이고 안정적이고 이기심 없는 아이로 기르고 싶다면, 사랑과 기쁨이 가득한 아이로 기르길 원한다면 이 책을 읽어라!

그리고 다른 이들과 나누길 바란다. 나는 몇몇 친구와 이 책을 나누었다. 친구들의 반응도 나와 같았다. 한 친구는 "이 책을 읽으니 다시 옛날로 돌아가 아이들을 키우고 싶어"라고 말했다.

쓰다 보니 의도치 않게 너무 길어졌다. 계속 읽어라. 그래서 지혜롭고 아이들을 사랑하고 존중하는 나의 벗에게 배우길 바란다. 크리스토프의 글은 나이에 상관없이 모든 사람에게 기쁨을 나누는 것이 무엇이고 어떻게 나눌 수 있는지 보여준다.

마크 슈라이버
세이브더칠드런 액션 네트워크 대표

유년기 아이들과 부모들에게 희망을 주는 책이 절실한 때다. 많은 사람이 삶의 기쁨을 잃어버리고 있다. 이렇게 좌절감을 느낄 때 우리가 할 일은 아이들을 바라보는 것이다. 숨 가쁘게 돌아가는 요즘 문화에서 아이들은 가장 상처받기 쉬운 존재다. 하지만 무한한 신뢰와 억누를 수 없는 열정으로 우리가 계속 앞으로 나아가게 영감을 주는 존재 역시 아이들이다.

육아와 교육에 관한 책은 너무나 많다. 저마다 암울한 통계를 나열하며 사회와 아이들의 우울한 미래를 예고한다.

그래도 우리에게는 아직 희망이 있다. 무엇보다 아이들을 먼저 생각하는 열정적인 사람이 세계 곳곳에 많이 있기 때문이다. 물론 그들 역시 종종 현실에 짓눌린다. 그럼에도 자신이 옳다고 믿는 바를 지키고자 외로운 싸움을 힘겹게 이어간다. 나는 이들의 목소리를 한데 모으고 값진 통찰과 용감한 모범을 널리 나누고 싶어서 이 책을 썼다.

그 누구보다 세상의 모든 아이들에게 이 책을 바친다. 또한 밤낮으로 아이들을 돌보는 부모와 교사에게도 이 책을 바치고 싶다. 부모와 교사야말로 삶의 최전선에서 온갖 어려움에 맞서 싸우는 진짜 영웅이다.

우리 모두 아이들과 부모와 교사의 후원자가 되자. 그래서 그들이 아이들의 삶을 조금이라도 낫게 만들도록 돕고 응원하자.

한 권의 책으로 세상을 바꿀 수는 없다. 하지만 부모와 교사는 할 수 있다. 자기가 맡은 아이를 온 마음으로 사랑한다면 말이다. 아마 그러기 위해서 지금 이 책을 집어 들었을 것이다. 부디 이 책에서 힘을 얻길 바란다. 매일 가정과 학교에서 아이들과 함께하면서 비슷한 열정과 헌신을 공유하는 사람들의 이야기를 듣고 영감을 얻길 바란다.

이 책에 모은 지혜는 일상생활에 뿌리를 두고 있다. 그래서 나는 더 희망을 느낀다. 아무리 지평선이 어두워 보여도 매일 아침 새롭게 출발할 기회가 우리와 우리 아이들에게 찾아온다는 사실을 기억하자.

요한 크리스토프 아놀드
뉴욕 리프톤에서

Chapter 1

세상에는 아이들이 필요하다

아이들과 말도 하지 않고 지낸다면,
당신은 그저 먹고 돈 버는 기계일 뿐이다.

| 존 업다이크 |

갓 태어난 아기의 울음소리가 마음을 잡아 끈다. "사랑해주세요. 도와주세요. 보호해주세요." 우리 어른은 아이들의 보호자요 후원자를 자처하지만, 정작 아이들이 필요한 건 우리 자신이다. 아무리 생각해봐도 더 절실한 쪽은 아이들이 아니라 우리 어른이다.

과잉 인구가 지구를 파괴한다는 전문가의 말에 나는 동의하지 않는다. 이 지구를 파괴하는 건 탐욕과 이기심이지 아이들이 아니다. 아이들은 받기 위해서가 아니라 주기 위해서 이 땅에 온다. 가만히 귀를 기울이면 아이들이 우리의 선생으로 왔다는 사실을 깨닫는다. 복잡하기만 한 세상에서 우리 어른은 아이들만 줄 수 있는 교훈에 귀를 기울여야 한다.

아이들은 정직함과 단순함을 바란다. 말에는 반드시 행동이 따르기를 기대한다. 쉽게 화를 내지만 그만큼 빨리 용서한다. 그렇게 하면서 우리 모두에게 두 번째 기회라는 엄청난 선물을 안긴다. 아이들은 정의와 공정한 규칙을 신봉한다. 모든 것을 새로운 눈으로 바라보고 세상의 위대한 아름다움을 볼 수 있게 우리를 돕는다.

이런 가치를 정부와 외교 정책, 사업 모델, 환경 정책, 교육 이론에 적용하면 무슨 일이 일어날지 상상해보라.

아이들을 환영하지 않는 사회는 비참하다. 우리 앞에 놓인 장기판은 아이들과 부모와 교사에게 불리해 보인다. 빈부 격차가 심해지면서 기본적인 의식주조차 감당하지 못하는 가정이 늘어난다. 도시에는 절박한 가정을 돕기 위해 24시간 운영하는 어린이집이 우후죽순 늘어난다. 어쩔 수 없이 장시간 일을 해야 하는 사람들은 부모의 역할을 다른 이에게 맡기고 만다. 아침에 아이들에게 옷을 입히고, 밥을 먹이고, 병치레하는 아이를 돌보고, 밤에 아이를 재우는 일을 비롯해 전통적인 부모의 역할을 포기하고 있다.

아이들의 독창성과 능력을 위협하는 새로운 교육 방침이 검증도 거치지 않고 교사와 아이들의 손에 떨어진다. 이런 결정을 내리는 이들은 반대자의 목소리에 귀를 기울이지 않는다.

수십 년 동안 아이들을 위해 일하고 은퇴한 교육자 베벌리 브랙스턴은 현재의 딜레마를 이렇게 요약한다.

우리 사회에서 자라나는 아이들을 볼 때 무슨 생각이 드느냐고 물으면, 사람들의 대답은 한결같다. 미디어와 최신 기술에 엄청난 시간을 허비하고, 음란물과 폭력에 무방비로 노출되고, 가족과 보내는 시간은 턱없이 부족하고, 식사는 인스턴트로 대충 때우고, 학업 경쟁으로 인한 스트레스에 시달리고, 야외 활동에 시간을 투자하는 것에는 관심이 없는 아이들을 염려한다. 그러나 이런 문제에 어떻게 대처해야 할지 물으면 모두 난감한 표정으로 어깨만 으쓱한다.

상황이 지독하게 꼬여 있으니 체념하는 마음도 십분 이해한다. 그렇다고 체념하는 것 말고 다른 대안은 정말 없는 걸까? 눈앞에 닥친 문제가 너무 거대해서 한 번에 해결할 수 없을 때는 매일 만나는 내 아이와의 관계부터 시작하면 된다.

아내 버레나와 나는 대가족 속에서 자랐고 결혼해서는 여덟 명의 자녀를 얻는 축복을 받았다. 하나님은 우리에게 마흔네 명의 손자손녀를 주셨고 지금까지 증손자 한 명을 주셨다. 한 명 한 명 소중하고 감사하다.

50년 가까이 함께 살면서 아내와 나는 세계 곳곳을 방문했다. 개발도상국은 물론이고 전쟁이 한창인 나라를 방문하기도 했다. 르완다, 이라크, 가자 지구, 분쟁 중이던 북아일랜드를 찾아간 적도 있다. 그때마다 수많은 아이를 만났다. 학교 환경은 열악하기 짝이 없었지만, 아이들의 열정은 대단했다. 열의에 찬 눈으로 다가와 학교에서 배운 것을 보여주고 노래를 불러주었다. 우리 부부를 따뜻하게 환대했다. 교육이라는 '특권'을 얻기 위해 수십 킬로미터를 걸어 다니는 아이들도 있었다. 그런데도 아이들의 얼굴에는 배고픔과 곤궁함의 그늘이 없었다.

극도로 가난한 나라에서 아이들은 국가의 보물이다. 아이들은 단순히 가족의 성姓을 물려받는 존재가 아니라 문명의 미래다. 모든 것이 모자란 빈곤 지역에서도 마을 한가운데 학교를 두고 볼품없는 물건이라도 구할 수 있는 건 모두 긁어모아 공동체 전체가 아이들을 교육하려고 팔을 걷어붙인다.

이런 나라를 방문하고 미국으로 돌아올 때마다 아내와 나는 문화 충격을 받았다. 서구 사회에는 돈이 넘쳐난다. 하지만 그 돈이 어린이집이나 학교로 흘러가는 모습은 좀처럼 보기 어렵다. 아이들을 교육하는 공간이 우리 사회의 중심이 되고 있는가? 아이들을 국가의 보물로 여기고 있는가? 구매력을 갖추어나갈 미래의 소비자 정도로 아이들을 취급하는 것이냐고 물으면 "그렇다"고 답할지도 모른다. 아이들을 독창적인 인격으로 문명에 새로운 기운을 불어넣을 존재로 여기고 있느냐고 물으면 "글쎄"라고 답할 것이다. 이런 상황에서 우리가 하는 논의라고 해봐야 자녀 출산에 관한 찬반 토론이 고작이다. 가계 부담이나 감당할 수 없는 의료비, 교육 부담을 토론하는 것이 전부다.

언젠가 네 명의 자녀를 둔 이웃 스티브, 샤넌 부부와 대화를 나눈 적이 있다. 샤넌은 경제적인 시각으로만 아이들을 바라보는 세태를 이렇게 꼬집었다.

언론과 주변 사람들이 "아이를 기르는 데 이만큼 많은 돈이 든다"고 말하면 사람들은 스트레스를 받습니다. 참 불행한 일이죠. "내게 돈이 얼마나 있지?"라고 물을 것이 아니라 "내가 얼마만큼의 사랑을 줄 수 있을까?" 하고 물어야 하는데 말입니다.

갓 태어난 아기를 처음 봤을 때 "다시 데리고 가요"라고 하거나 "난 원하지 않아요"라고 말할 부모가 어디 있겠어요? 아이의 눈을 들여다보는 순간 사랑에 빠지고 기쁨에 압도되지 않는 부모를 보는 날이 정말 와야 하나요?

다른 사람과 나누지 못할 기쁨을 소유하는 건 또 무슨 소용이 있겠습니까? 혼자 기뻐한다는 게 가능하기는 할까요? 이기적인 기쁨이요? 기쁨은 나누라고 있는 겁니다. 아이들이 많을수록 주변에 나눌 기쁨이 생기는 것이고 그 기쁨은 자꾸 커집니다.

오늘날 '무자녀' 운동을 벌이는 사람들이 자기들의 신념을 아무리 강요해도, 여전히 아이를 갖는 것은 지극히 정상적인 일이고 좋은 일이며 자연스러운 일이다. 부모 역할을 감당하기 어려운 재정상의 위험이나 성가신 짐으로 여겨서는 안 된다. 전문가에게 맡겨야 하는 일로 간주해서도 안 된다. 아이들에 대한 진심어린 사랑과 어떠한 희생도 감수하려는 의지가 우리에게는 필요하다. 희생을 감내하지 않고 어떻게 인생이 무엇인지 경험하여 알 수 있겠는가?

물론 기꺼이 이러한 희생을 감수하고, 어려운 환경에서 일하고, 작은 보상에 만족하며 위험한 일을 마다하지 않는 이가 숱하게 많다. 우리는 이런 사람들을 볼 때마다 이들이 위험천만한 세상에서 연약한 아이들을 보호하는 일을 버거워할 것으로 지레짐작한다. 그러나 최근에 내가 만난 젊은 경찰관은 우리의 짐작이 틀렸다고 딱 잘라 말했다.

여러 지역 경찰 기관의 담당 목사로 섬기는 덕분에 지역 주민을 위해 봉사하는 이들을 만날 기회가 자주 있다. 그중에 마크라는 경찰관이 있었다. 그는 유력한 용의자를 체포하는 과정에서 폭력 사태에 휘말린 적이 있다.

사건이 있고 나와 상담하면서 마크는 그 일로 충격을 받아 많은 생각을 했노라고 했다. 약혼자 리타와 함께 삶의 우선순위가 무엇인지 다시 생각해보았고, 그 결과 예정보다 결혼을 1년 앞당기기로 했다. 나는 두 사람의 결혼식에 참석해 축복 기도를 했고 두 사람에게 아들이 태어났을 때도 축복 기도를 하는 영광을 누렸다. 마크는 부모의 역할에 대해 이렇게 말했다.

늘 아이를 원했지만 아이의 미래가 마음에 많이 걸렸어요. 혹시나 이 혼란스러운 세상에서 즐겁게 자라지 못하고 공포 속에서 살지는 않을까? 미래에 아이들의 생존율은 얼마나 될까? 하지만 아이들이 바른 도덕과 태도를 배우도록 양육하는 것이 우리가 할 일임을 깨달았습니다. '미래의 용사'로 키우는 거지요. 원하는 세상을 만들 수 있을지 없을지는 우리가 아이들을 어떻게 기르느냐에 달려 있으니까요. 제가 우리 사회의 미래에 기여하는 길은 자식에게 옳고 그름을 분별할 줄 아는 가치관을 가르치는 게 아닐까요? 끔찍하게 변하는 세상에서 제가 할 수 있는 일이 이거라고 생각했습니다.

우리가 이 땅에 영원히 머무는 건 아니잖아요. 다음 세대에 넘겨주려고 애쓰지 않으면 여기서 끝나고 마는 것이죠. 저는 할아버지에게 많은 걸 배웠습니다. 제가 배운 삶의 교훈이 저의 세대에서 끝나버린 걸 할아버지가 아시면 몹시 화를 내실 겁니다. 그 가치관을 다음 세대에 전할 수 있어서 안심입니다. 저의 아들이 제게 물려받은 것을 다시 자기 아이에게 전해주었으면 좋겠습니다.

부모가 되는 것은 롤러코스터를 타는 것이나 다름없습니다. 쉬운 길이 계속되는 건 아니지만 마냥 고된 것만도 아닙니다. 정성을 쏟은 만큼 보상도 따르지요. 저녁에 친구들과 어울리지 못하거나 하고 싶은 일을 못할 때 느끼는 '괴로움'을 상쇄하고도 남을 만한 보상이에요. 이 세상 어디에 아이를 껴안을 때 느끼는 감동을 대신할 것이 있나요? 아이의 눈을 가만히 들여다보고 있으면 나를 통해 이 아이가 세상에 나왔다는 사실을 실감합니다. 세상을 탐색하는 아이의 눈을 바라볼 때 받는 느낌은 말로 표현할 수가 없습니다. 여러 해 동안 제 안에 갇혀 있던 것이 풀려나는 기분이에요. 아이처럼 노는 법을 다시 배우고 있는 중입니다.

　매일 거친 현실과 싸우고 밤에 집에 돌아와 자고 있는 아이를 바라보노라면 이 세상도 그럭저럭 괜찮아 보여요.

회의론자들은 어머니와 아버지가 있고 두 사람 다 직업이 있을 때에만 아이를 낳는 것을 환영할 수 있다고 말할지 모른다. 하지만 나는 그런 '혜택'을 받지 못한 사람들이 마크와 똑같은 말을 하는 것을 들었다. 가정 간호사로 일하면서 혼자 딸을 기른 리사는 이렇게 말했다.

친구들이 어떻게 혼자서 아이를 길러냈느냐고 물을 때마다 뭐라고 대답해야 할지 모르겠어요. 힘들기는 했지요. 뭐라도 먹을 게 생기면 그때그때 먹어둬야 했어요. 그런 일이 하루에 한 번일 때도 있었지요. 딸아이와 고장 난 전기난로 앞에 매트리스 하나를 깔고 잔 날도 있어요. 이제 열아홉 살이 된 딸아이는 그날의 일을 다르게 기억할지도 몰라요. 아무튼, 그때 얼마나 웃었는지. 하도 웃다가 난로를 걷어차기도 하고 서로의 어깨에 얼굴을 파묻고 울기도 했어요. 당연히 아이 아빠가 곁에 있었으면 했지요. 저도 그러길 기도했지만, 남편은 돌아오지 않았어요. 그런데 제가 딸아이 없이 이 세상에서 뭘 할 수 있었을까요? 혼자서는 견뎌내지 못했을 거예요. 딸아이가 없는 세상은 생각하고 싶지도 않아요.

모든 아이에게 리사처럼 용감하고 기략이 풍부한 엄마가 있는 건 아니다. 모든 아이가 마크의 아들처럼 굳세고 강인한 부모가 있는 안정된 가정에서 자라는 것도 아니다. 하지만 마음은 모두 어린아이다. 그것은 유년기의 특권을 빼앗긴 아이라 해도 마찬가지다. 그중에는 학대를 받거나 중독에 빠진 부모에게 시달리거나 붕괴된 가정에서 상처를 입은 아이도 있을 수 있다. 하지만 마음에 깊은 상처를 입은 아이도 여전히 희망을 품고 당신을 보며 묻는다. "제 손을 잡아주실 수 있나요? 이 세상에 제가 있어야 할 곳은 어디죠?" 인생을 살면서 깨달은 것이 있다. 모든 아이에게는 저마다 사연이 있고, 그 사연을 부모나 신뢰할 수 있는 교사나 상담가가 시간을 내서 들어주어야 한다는 사실이다.

우리 부부는 친구들과 함께 '폭력의 고리 끊기'라는 강연 프로그램을 시작했다. 총기 난사와 갱단의 폭력, 집단 따돌림의 공포가 학생과 교사와 부모를 위협하는 학교에서 평화로운 방법으로 갈등을 해결하고 용서를 향해 한 걸음 나아가도록 격려하고자 시작한 프로그램이다. 가끔은 수천 명의 학생 앞에서 강연할 때도 있다. 무수한 아이들의 얼굴을 바라볼 때면 영감을 얻는 동시에 비장한 마음마저 든다. 아이들을 만날 때마다 한 유대교 종파의 격언을 떠올린다. "아이 한 명을 구하는 것은 온 세상을 구하는 일이다." 아이들에게 "너희는 소중하단다. 우리 어른은 너희를 위해 여기에 있는 거란다. 우리는 너희를 사랑한다"라고 말해주는 것은 너무나 중요하다.

하심 가레트는 '폭력의 고리 끊기' 주 강사다. 열다섯 살 때 갱단 사건에 연루되어 총알 여섯 발을 맞아 하반신을 쓰지 못한다. 처음에는 분노에 가득 차 복수를 꿈꿨다. 그러나 시간이 흐르면서 가해자를 용서해야 비로소 증오의 덫에서 풀려나고 다른 사람을 도울 기회가 생긴다는 사실을 깨달았다.

독실한 신자인 하심은 신앙의 힘으로 용서하게 되었다고 말한다. 또한 그 신앙이 아내와 함께 가정이라는 최전선에서 책임감 있게 아이들을 양육하고 중대한 결정을 내려야 하는 순간에 도움을 주었다고 말한다.

아름다운 아내 미아를 얻고 또 아름다운 두 아이를 얻었으니 축복을 받았죠. 하지만 남편으로서 장애를 가지고 사는 건 일종의 시험이에요. 가족과 함께할 수 없는 일이 분명히 있으니까요. 휴가 때 아이들과 바다에서 놀 수도 없고, 자전거 타는 법을 가르쳐줄 수도 없어요. 하지만 아이들은 아빠가 자기를 끔찍이 사랑한다는 사실을 알아요. 얼마나 많은 것을 소유했는지는 중요하지 않다는 걸 배웠어요. 중요한 것은 함께 보내는 시간의 질이에요. 집에 있을 때면 아이들과 함께 놀고, 안아주고, 목욕 시키고, 먹이고, 함께 책을 읽어요. 그리고 무엇보다 함께 기도한답니다.

두 살이 된 딸을 어린이집에 보낼 때는 마음이 아팠어요. 내 아이를 처음으로 전혀 모르는 사람에게 맡긴다는 것이…. 하지만 다른 방법이 없었죠. 제가 밖에서 일하고 아내가 직업학교에 다니는 동안 딸 하모니는 아홉 시간을 어린이집에서 보냈어요. 얼마 지나지 않아 아이의 행동과 성격이 조금씩 달라지는 게 느껴지더군요. 쉽게 울고 투정을 부리더니 아침에 어린이집에 가지 않겠다고 버티지 뭐예요. 우리가 알던 하모니가 아니었어요.

아내는 직업 교육을 그만두고 하모니와 함께 집에서 지내는 방안을 심각하게 고민했어요. 그렇지만 하모니가 제대로 사회성을 기를 수 있을지 걱정이 되었어요. 무엇보다 우리 부부에게 아이를 가르쳐본 경험이 없다는 사실이 마음에 걸렸습니다. 친척과 친구들이 무어라고 할지도 뻔했죠. "아니 왜 아이를 어린이집에서 빼내려고 하는 거야?" 둘 중에 한 사람만 풀타임으로 일할 때 생기는 경제적 손실도 만만치 않았습니다.

고민을 계속하던 중에 결정적인 순간이 찾아왔습니다. 식구들이 하루 종일 떨어져 지내면서 몸과 마음의 모든 힘을 가족이 아니라 다른 데 쏟고 있다는 사실을 깨달은 거예요. 집안에서는 어느새 웃음이 떠났고요. 결국 우리 부부는 하모니를 집에서 가르치기로 했습니다.

이 결정으로 우리 집은 식구들 모두에게 배움의 터전이 되었습니다. 아내와 저는 인내심을 가지고 아이들을 대하는 법을 배웁니다. 사랑하고, 웃고, 작은 것을 소중하게 여기는 법을 배웁니다. 그리고 서로를 용서하는 법을 배웁니다.

하심과 미아는 가족이 겪고 있는 어려움을 정리해보았다. 하심의 장애, 경제적 어려움, 아이들의 요구. 결국 두 사람은 아이들을 최우선으로 생각하기로 했다. 아이들의 인생에서 더할 나위 없이 중요한 이 순간에 아이들 곁을 지키고 아이들이 인생을 제대로 출발할 수 있게 돕는 것보다 두 사람에게 더 시급한 일은 없었다.

프랭클린 루스벨트 대통령은 가족이 사회에서 맡고 있는 필수 과업을 자주 강조했다.

우리는 집안 분위기가 아이의 발달에 중요한 영향을 끼친다는 사실을 잘 압니다. 가정생활에서 아이가 가장 먼저 배워야 할 것은 자신감을 얻고, 다른 사람의 감정과 권리를 존중하고, 안정감과 상호 유대감, 하나님에 대한 믿음을 기르는 것입니다. 크게 보면 어머니와 아버지가 가정에서 어떤 삶을 일구느냐에 따라 사회의 미래와 국가의 공공 생활이 달라집니다.

가정에서 떼어내어 아이를 돌볼 수 없는 것과 마찬가지로 학교, 교회, 여가 활동 단체와 같이 아이들의 발달에 영향을 주는 기관 역시 아이들의 행복을 좌우합니다. 그리고 이런 공공 단체와 민간 단체에 투자하는 돈과 노력은 곧 몇 배가 되어 돌아옵니다.[1]

우리 사회가 이러한 통찰에서 너무 많이 벗어난 건 아닐까? 아이들을 기르고 교육하는 데에는 용기가 필요하다. 그러나 따라오는 보상도 상당하다. 부모와 교사에게는 절대 잊히지 않을 유산을 남길 기회다. 하지만 거기서 멈춰서는 안 된다. 가정과 교실의 담벼락을 넘어 다른 이들도 들을 수 있게 목소리를 높여야 한다.

아이들을 위해서 우리가 나서서 국가의 우선순위를 뒤집어야 한다. 아이들에게 쓰는 국가 예산을 맨 위로 끌어올리고 총과 폭탄을 구입하는 데 쓰는 예산을 맨 아래로 끌어내려야 한다. (아무리 적은 양이라도 무기 개발에 계속 돈을 쓰는 것이 과연 옳은 일인지 사실 의심스럽다.) 그러면 전국에 신설 교도소 대신 신설 학교가 크게 늘어날 것이고, 정치인들은 범죄에 대한 처벌 강화나 공격적인 외교 정책을 주장하는 대신 그 어느 때보다 창의적인 교육 공약을 내놓을 것이다.

세상에는 아이들이 필요하다. 그리고 아이들에게는 우리가 필요하다. 단순한 생존 보장을 넘어 그 이상의 것을 아이들에게 공급할 책임이 우리에게 있다. 인도의 시인 라빈드라나드 타고르는 이렇게 말했다.

아이들은 살아 있는 존재입니다. 관습의 껍질에 싸인 어른과는 달리 펄펄 살아 있는 존재입니다. 아동의 정신 건강 및 발달을 위해 교육을 맡은 학교만이 아니라 인격적인 사랑의 영이 이끄는 세상

이 아이들에게는 절실히 필요합니다.[2]

우리가 사는 세상에 매일 새로운 아기가 태어난다. 그리고 타고르가 말한 것처럼 각각의 아이는 '하나님이 인류를 향한 믿음을 저버리지 않으셨다는 새로운 메시지'를 안고 온다. 신비로운 생각인 동시에 도전이 되는 말이다. 창조주가 우리 인류에게 희망을 잃지 않았는데, 우리가 어떻게 절망할 수 있단 말인가?

아이들이 할 일은 노는 것

놀이는 아동기 인간 발달을 보여주는 최상의 표현이다.
놀이를 통해 아이의 영혼에 있는 것이
자유롭게 표현되기 때문이다.

| 프리드리히 프뢰벨 |

강제력을 동원해서는 진정한 교육이 이루어지지 않는다. 아이 스스로 배우고 싶어 해야 한다. 배우고자 하는 열의는 깊이 숨겨져 있는 경우가 많다. 그 열의를 발견하고 격려하는 것이 교사의 역할이다. 그런데 오늘날에는 유례가 없을 정도로 교육 여건이 좋지 못하다. 많은 아이가 부모 대신 다른 사람과 더 많은 시간을 보낸다. 가정의 붕괴를 경험하는 아이들이 많다. 교사도 턱없이 부족하고 재정 지원도 열악한 교실에서 공부하는 아이들이 태반이다. 이런 아이들은 종종 반항적인 태도나 방어적인 자세를 취한다. 권위적인 인물에게 또다시 배신당할 수 있다는 두려움에 교사에게 높은 담을 쌓는다.

그러니 교사의 역할이 그 어느 때보다 중요하다. 교사의 역할은 비단 학업 지도에만 머물지 않는다. 우리는 아이들이 가능한 한 오랫동안 아이로 남아 있게 허용해야 한다. 아이들에게는 긴장을 풀고 숨을 쉴 여유가 필요하다. 놀 시간이 필요하다. 아이들은 어른들의 욕심이 투영된 프로그램에 따라 움직이는 컴퓨터나 로봇이 아니다. 아이들은 두뇌뿐 아니라 가슴과 영혼을 지닌 존재다.

19세기 독일의 교육가 프리드리히 프뢰벨은 킨더가르텐이라는 용어를 처음으로 썼다. 프뢰벨은 아이의 눈에서 생명을 볼 줄 아는 사람이었다. 그래서 거의 200년이 지난 오늘날에도 아이들을 사랑하는 사람들에게 프뢰벨의 교육 철학은 설득력이 있다.

킨더가르텐이라는 용어를 처음 쓰면서 프뢰벨은 말 그대로 '아이들kinder의 정원garten'을 생각했다. 사랑과 정성을 다해 어린 묘목을 돌보듯 아이를 사랑과 정성으로 양육하는 곳을 떠올렸다. 프뢰벨은 인간이 본래 창의적이고 동정심이 많은 존재임을 알았고, 교육이란 인간의 이런 특성을 개발하는 과정이라 생각했다.

프뢰벨은 놀이가 중요하다고 늘 강조했다. "충분히 끈기 있게 몸이 피곤해서 더는 놀 수 없을 때까지 노는 아이는 자기뿐 아니라 타인의 행복을 위해 희생할 줄 아는 어른으로 자란다."

나는 프뢰벨의 손자의 조카 손녀인 나의 어머니 안네마리에게 이 이야기를 수도 없이 들었다. 부모님은 종종 유년기에 관한 프뢰벨의 통찰력 있는 이야기를 들려주시곤 했다. 외할아버지와 외할머니는 독일 카일하우라는 작은 마을에 프뢰벨이 설립한 학교를 나치에 강탈당하기 전까지 운영했다.

2차 세계대전 내내 어머니는 가족과 함께 독일에서 영국으로, 파라과이로, 마지막에는 미국으로 거주지를 옮기면서도 카일하우 학교의 비전을 간직했다. 어머니에게 물려받은 교육 유산 덕분에 나의 자녀들과 손자손녀는 물론이고 다른 많은 아이들이 프뢰벨식 교육을 받으며 자랐다. 그리고 프뢰벨식 교육이 실제 현장에서 효과가 있다는 사실을 눈으로 확인했다.

교육가 제임스 휴스는《모든 교사를 위한 프뢰벨의 교육 법칙 *Froebel's Educational Laws for All Teachers*》이라는 책에서 카일하우 학교의 지혜를 오늘날의 언어로 쉽게 풀어서 소개한다.

프뢰벨은 아이들을 희생시켜 지식의 중요성을 과장하는 모든 시스템에 반대했다. 또한 프뢰벨은 개성을 존중해야 한다는 사실을 인정하지 않는 교사들이 아이들을 '똑같은 모습으로 찍어내는' 교육 과정에 줄곧 이의를 제기했다. 프뢰벨은 그냥 능력이 아니라 창의적인 능력을 소중하게 생각했다. 학생들을 단순한 '기계'가 아니라 더 뛰어난 존재로 키우고 싶어 했다. 늘 말했던 것처럼 '자유롭고 사고력이 있고 독립적인 사람'으로 키우고 싶어 했다.'

미국의 뛰어난 교육자 중에는 프뢰벨의 교육 철학을 공부하고 적용한 사람이 여럿 있다. 엘리자베스 피바디는 미국 전역에 유치원을 세우는 데 결정적인 역할을 했다. 캐롤라인 프랫은 1913년에 유니트 블록Unit Block이라는 개념을 고안했고 이듬해 시티앤컨트리스쿨City and Country School을 시작했다. 루시 스프라그 미첼은 아동 발달에 초점을 맞춘 뱅크 스트리트 교육 대학을 설립했다. 이들은 놀이를 통한 학습이라는 새로운 길을 개척한 사람들이다. 이들이 세운 학교는 지금도 신체 활동과 독창성을 강조하면서 전인교육의 빛을 밝혀주는 등대가 되고 있다.

이제는 놀이와 탐험의 중요성을 옹호하는 사람들을 쉽게 볼 수 있다. 사실 교사들은 아이들의 삶에서 그 무엇과도 대체할 수 없는 것이 놀이임을 잘 알고 있다. 놀이는 유아 교육에 가장 효과적인 도구일 뿐 아니라 아이의 영혼이 성장하는 데 없어서는 안 될 필수 요소이기 때문이다. 새삼 놀이의 중요성을 변호할 필요도 없다. 놀이가 곧 유년의 삶이기 때문이다.

유년기보호연맹이라는 단체의 에드워드 밀러와 조앤 앨몬은 2009년에 발표한 "유치원의 위기"라는 보고서에서 어린아이들의 삶에서 놀이가 사라지고 있다고 경고했다.

지난 20년 동안 유치원은 미국인이 감지하지 못할 정도로 급격한 변화를 겪었다. 요즘 아이들은 놀이와 탐험을 통해 배우고, 신체 활동을 하고, 상상력을 발휘하는 데 사용하는 시간보다 읽고 셈하는 법을 배우는 데 쓰는 시간이 훨씬 많다. 많은 유치원이 교육 당국이 발표한 새로운 지침에 적합하고 학력고사에도 도움이 되는, 오랜 관행에 의해 공인된 교과 과정을 그대로 따른다. 갈수록 많은 유치원에서 노선을 이탈하지 말고 주어진 각본에 따라 움직이게 함으로써 교사들의 재량권을 박탈한다. 문제는 이러한 방침이 충분한 연구 없이 수립된 것인 데다 아동 발달과 참 교육에 관한 오랜 원칙을 무너뜨린다는 데 있다. 새로운 제도가 학업 성과를 높이기 위해 아이들의 건강과 장래를 위태롭게 하고 있다는 사실이 명백히 드러나고 있다.[2]

정부가 요구하는 학업 프로그램 탓에 아이들은 놀며 배울 기회를 점점 더 빼앗기고 교사들은 과도한 서류 작업에 짓눌리고 있다. 해가 갈수록 상황이 악화되는 걸 보고 있노라면 알베르트 아인슈타인의 말에 절로 고개를 끄덕이게 된다. "정규 교육 과정에서 호기심이 살아남는 건 기적이지요."

이러한 표준화를 추진하는 동기는 꽤 그럴듯하다. 정치인들은 망가진 교육 제도를 '고쳐서' 아이들이 국제무대에서 경쟁할 수 있도록 도와야 한다고 주장한다. 기본으로 돌아가 읽고 쓰고 셈하는 법을 터득하게 해야 하고, 그 결과를 문서로 뒷받침할 수 있어야 한다고 성화다. 사실 이러한 정부 방침은 부모와 유권자가 '변화'를 촉구한 데서 비롯되었다.

하지만 정말 아이들에게 필요한 변화가 뭔지 좀 더 가까이에서 들여다볼 필요가 있다. 교육 현장에서 멀리 떨어져 있는 정치 기관이 던져준 프로그램에는 부대조건이 따라붙게 마련이다. 교사들은 혹처럼 따라붙는 서류 작업 때문에 정작 아이들을 돌볼 시간이 없다. 마음껏 뛰어놀아야 할 아이들이 각종 시험과 진단에 파묻혀 혼란스러워한다. 그런데도 정책 결정자들은 현장에 있는 교사들의 말에 귀를 기울이지 않는다. 교사들이야말로 아이들을 어떻게 가르쳐야 하는지 말할 수 있는 사람들인데 말이다.

2014년 3월 〈워싱턴 포스트〉지에 유치원 교사 수잔 슬뤼터의 사직서가 실렸다. 현 교육 현실을 잘 보여주는 예다.

케임브리지 공립학교에서 운영하는 유아원과 유치원에서 교사로 일하는 저는 오늘 사직서를 제출합니다. 이러한 결정을 내리게 되어 참으로 비통한 마음입니다. 저는 제가 하는 일과 학교, 가족, 그리고 18년간 이 지역에서 일하면서 알게 된, 탁월하고 헌신적인 교직원 모두를 너무나 사랑하기 때문입니다.

공립학교에서 시험과 자료 수집이 중요한 이 불온한 시대에 저는 교사라는 직업이 제가 알고 이해한 것과 전혀 다른 모습으로 변해가는 것을 지켜보았습니다. 아이들이 건강하고 안전하고 인성 발달에 적합한 환경에서 배울 수 있도록 교사가 도움을 줄 여지가 점점 줄어들고 있습니다.

지난 몇 년 동안 저를 포함한 이 지역의 모든 교사는 정부의 교육 방침을 현장에서 시행했습니다. 그러면서 제가 하는 일이 아이들과 아이들 개개인의 학습 방법, 정서 욕구, 가정환경, 관심사, 강점에 초점을 맞추는 대신, 어린아이들을 시험하고 평가하고 점수를 매기고 아이들에게 학업 부담을 안기고 압박하는 일로 바뀌는 것을 경험했습니다. 유아원이나 유치원 수준을 넘어 초등학교 1, 2학년 수준에 맞춘 새로운 학업 성과 기준에 도달하는 방법을 터득하기 위해 수업이나 워크숍에 참석하는 시간이 매년 늘었습니다.

갈수록 극단적인 행동을 하고 정서적으로 결핍되어 있는 우리 반 아이들의 문제에 대처하기 위해 회의에 참석해야 하는 시간도 점점 늘었고, 회의가 끝나면 또 다른 회의를 준비해야 했습니다. 제게는 아이들의 그런 행동이 어른들에게 하는 비명처럼 들렸습니다. "더는 못 참겠어요! 저 좀 보세요! 제 얘기를 들어보세요! 도와주세요! 저를 좀 봐주세요!" 저는 지난 몇 년 동안 상부의 지시와 요구에 부응하기 위해 시간과 에너지를 쏟아야 했습니다. 그러나 해가 바뀌면 또 다른 방침이 내려옵니다. 제가 사랑하는 아이들을 제가 최선이라고 생각하고 아동 발달 전문가들이 추천하는 방법으로 가르칠 기회가 해가 갈수록 사라졌습니다. 결국 작년에 저는 제가 섬겨야 할 아이들에게 오히려 해를 입히고 있는 망가진 시스템의 일부로 전락했음을 깨달았습니다.

저는 같은 문제로 씨름하는 동료 교사들과 함께 견뎌내려고 노력했습니다. 적응하고 이겨내려고 애썼습니다. 동료들과 함께 내가 할 수 있는 일을 하면서 어린아이들이 있는 교실에서 내가 옳다고 믿는 양질의 교육을 다시 실현하려고 했습니다. 하지만 어느 순간 저 역시 진실성을 잃었다는 생각이 강하게 들었습니다. 교사로서의 정신과 열정이 제 안에서 스르르 빠져나가는 것을 느꼈습니다. 분노가 치밀었습니다. 이 위기를 넘기려면 시선을 다른 곳으로 돌리고 제가 너무나 사랑하는 이 공동체를 떠날 수밖에 없다는 생각이 들었습니다. 제가 일을 그만두는 것이 아니라 저의 일이 저를 떠나는 것 같은 기분입니다.[5]

많은 교사가 비슷한 고민을 한다. 교육 정책이 교사들의 생각과 정반대 방향으로 가는 탓에 교사들은 자리에서 밀려나는 느낌을 받는다. 가르치는 일에는 크나큰 사랑과 지혜와 인내가 필요하다. 아이의 강점을 찾아내고 키우는 데는 시간이 걸린다. 그런데 교사들이 부수적인 업무에 소중한 시간을 빼앗긴다면 어떻게 되겠는가? 가장 중요한 교육이 이뤄지는 소통과 놀이 시간이 사라지면, 대체 언제 아이들과 관계를 형성해나가겠는가?

오스트레일리아의 교육자 매기 덴트는 놀이를 적극 옹호한다.

틀에 매이지 않은 놀이가 아이들에게 주는 엄청난 이득은 정형화된 잣대로 평가할 수 없는 것이다. 창의적으로 생각하고 획기적인 방법으로 문제를 푸는 능력은 직접 사고하며 세상을 탐험할 때 얻을 수 있다. 현대 사회에 휘몰아친 급격한 변화를 보면 창의적인 사고 능력이 얼마나 절실한지 알 수 있다. 교과서는 예기치 못한 변화에 대응하는 방법을 알려주지 않는다. 따라서 어른의 도움 없이 놀면서 배우고, 탐색하고, 의문을 품고, 문제를 풀어가는 아이들의 능력을 빼앗는 것은 아이들에게 장애를 입히는 것이나 다름없다. 생물학적으로 아이들은 매력적이고 흥미로운 경험을 통해 배우도록 만들어졌다.[*]

해마다 아이들은 뭐든지 '너무 많이, 너무 일찍' 하도록 내몰린다. 하지만 아이들을 위해 틀에 박힌 규칙을 깨는 교육자들도 있다. 이들의 이야기를 들으면 힘이 솟는다. 뉴욕 시의 교육 행정가 셰론 스미스 산체스는 자신의 경험을 이렇게 들려주었다.

남편과 저는 아들이 시험장에 앉아 주 정부가 주관하는 시험에 응시하는 것을 단호히 거부했습니다. 아들이 3학년 때 처음 시험 불참을 결정했고, 4학년이 된 올해도 똑같이 했습니다. 교육자로서 우리 부부는 아들이 시험의 개념을 이해하기에는 아직 어리다고 생각합니다. 시험이라는 것이 학기 초에는 아이가 모르는 내용을 시험하고, 학기 말에는 아이가 암기하지 못한 것을 다시 확인하는 셈입니다.

그렇게 어린 나이에 시험을 치르는 것은 우리 부부의 바람과 정면으로 배치됩니다. 우리는 아들이 비판적 사고를 기르고 평생 배우는 사람이 되길 바랍니다. 아이들은 연상과 체험을 통해 배웁니다. 그런데 만약 아이가 3학년 혹은 4학년 때 배운 경험의 절정이 고작 시험이라면, 정작 아이가 커서 자신의 지식을 나눠야 할 때는 걱정만 하게 될 겁니다. 우리는 그 나이 대 아이들에게 이 사회가 강요하는 불의를 거부하기로 했습니다. 그리고 이렇게 단순한 반대 의사를 친구들과도 나눴습니다. 앞으로도 학부모와 교육자가 자신의 생각을 개진하도록 계속 힘을 보탤 겁니다.

코네티컷 교외에 사는 매들린은 어떻게 아이에게 맞는 대안을 찾아냈는지 들려준다.

몇몇 젊은 가족이 모여 우리들만의 유치원을 만들기로 했습니다. 최소한 1학년 때까지는 공부를 미루고 야외에서 '손으로 배우는' 시간을 많이 갖게 했습니다. 자그마한 우리 학교의 가장 큰 장점은 노인 요양소가 가까운 곳에 있다는 겁니다. 덕분에 나이 드신 분들의 흥미진진한 이야기를 듣고, 짝을 지어 독서와 점심도 같이 하고, 치매 병동에 있는 분들과 풍선을 가지고 함께 놉니다.

벽에 붙은 표를 보고 알파벳을 외우는 대신 여든 살 노인과 빙고 놀이를 하며 배웁니다. 공립학교에 다니는 또래 아이들만큼 많은 것을 배우지는 못하겠지만, 우리 부모들은 걱정하지 않습니다. 아이들은 호기심이 가득하고, 새로운 생각을 흡수하는 데 열심이고, 상황에 직접 적용하면서 '읽고, 쓰고, 셈하는' 법을 배우니까요.

한번은 다섯 살 된 딸아이가 눈짓과 미소로만 겨우 의사소통이 가능한 할머니와 대화하는 모습을 봤습니다. 그 할머니는 허리가 굽고 얼굴에는 주름이 가득하고 휠체어에 의지해야 했지만, 옆에서 노는 유치원생만큼이나 활력이 넘쳤습니다. 그 방에는 머리에 떠오르는 말을 그대로 중얼거리는 할아버지도 계셨습니다. 무슨 말을 하는지 이해해보려고 아무리 머리를 써도 저로서는 알아들을 도리가 없었습니다. 그런데 할아버지 옆에서 조잘대는 어린 남자아이는 전혀 불편을 느끼지 않는 것 같았습니다. 10분쯤 그렇게 대화하더군요.

크나큰 선물을 받은 아이들이다. 나이나 장애에 대한 두려움 없이 마음껏 세대 간의 교류를 할 기회를 얻었기 때문이다. 그러면서 이 아이들은 자기도 모르는 사이에 찢겨진 사회의 그물을 꿰매는 작업을 돕는다. 1,000년에 걸쳐 아이들은 마을 어른들 곁에 앉아 인생을 배웠다. 노인들의 말을 듣다가도 어디론가 뛰어가 흥미로운 걸 찾아 놀곤 했다. 이것 역시 배움이다.

핀란드를 포함한 일부 유럽 국가에서는 아이가 일곱 살이 되어야 공부를 시킨다. 이들 국가의 교실에서는 선진국 평균보다 적은 수의 학생이 공부하고, 학교를 졸업할 때쯤이면 학업 성취도가 늘 세계 상위권에 속한다. 이들 국가의 교육자들은 일곱 살까지 아이들이 가장 잘 배우는 방법은 노는 것이라고 믿는다. 실제로 아이들은 학교 공부를 시작할 무렵 좀 더 잘 조직된 환경에서 배울 준비가 된다. 또한 이들 국가의 교사들은 미국의 교사들

에 비해 훨씬 더 사회적으로 존중을 받고 보수도 많이 받는다.[5]

플라톤의 말이 맞다. "그 나라에서 영예롭게 여기는 것을 육성하게 마련이다." 우리 사회에서 정말 영예롭게 여기는 것은 무엇인가? 아이들의 마음과 생각이 잘 형성되는 것을 영예롭게 여기는가? 아니면 취업 준비를 잘하는 것을 영예롭게 여기는가?

《인간 교육The Education of Man》이라는 책에 프뢰벨은 이렇게 썼다.

새로운 세대를 보호합시다. 아이들이 공허와 허무를 배우게 하지 마십시오. 힘들여 일하는 태도를 피하거나, 실천 없는 자기 성찰과 분석을 부추기거나, 생각이나 고민 없이 기계적으로 행동하는 사람으로 자라게 해서는 안 됩니다. 물질적인 것과 오락을 추구하는 그릇되고 해로운 열정을 피하도록 지도하십시오. … 나는 하나님의 땅에 두 발을 굳게 딛고 눈을 들어 진실을 바라보는 사람으로 아이들을 교육할 것입니다. 땅과 하늘을 모두 가슴에 품은 그런 사람 말입니다.[6]

아이들은 모두 다르다. 각자 독특한 능력을 지니고 특별한 목적을 위해 창조되었다. 그런 아이들에게 획일적인 기준을 강요하는 것이 말이 되는가? 아이들은 놀이를 통해 가장 잘 배운다. 놀이는 기쁨과 만족을 주고 일상의 어려움에 초연해지게 돕는다. 미친 듯이 아이들의 일정을 빡빡하게 짜는 지금의 문화에서도 아이들은 여전히 놀 권리가 있다.

Chapter 3

비뚤어진 기대감 내려놓기

태어났을 때만큼 현명하지 않았던 것을
나는 늘 후회한다.

| 헨리 데이비드 소로 |

어떤 잡지에서 케냐에 있는 한 학교의 이야기를 읽은 적이 있다. 이 학교에 다니는 아이들은 나무 그늘에서 수업을 받는다. 어렸을 적에 학교에 나무 심는 일을 거들었던 교장은 기자에게 아프리카에 전해 내려오는 지혜의 말을 들려주었다. "나무를 심을 때는 절대 한 그루만 심지 말고 세 그루를 심어라. 한 그루는 그늘을 위해, 또 한 그루는 열매를 위해, 나머지 한 그루는 아름다움을 위해." 강렬한 햇볕과 극심한 가뭄에 나무 한 그루가 아쉬운 아프리카 대륙에 어울리는 지혜다.

성과나 성공에 집착하는 교육으로 많은 아이를 위험에 빠뜨린 부모들과 우리 사회 전체가 귀를 기울여야 할 통찰이기도 하다. 요즘은 성공에 대한 압박이 유례없이 강하게 아이들의 유년기를 파괴한다. 아동 치료 전문가 케이티 헐리는 이렇게 말한다.

향후 출세 가도를 달리기 위해 유년기에 맞춰야 하는 퍼즐은 오로지 공부뿐이다. 학습 속도가 전반적으로 빨라졌고 그만큼 유년기도 빠르게 지나간다. 우리 때에는 완만한 문화 변혁을 경험하는 수

준이었는데 요즘에는 매년 속도가 더 빨라진다.

요즘 어린 학생들은 공부에 대한 부담이 전보다 훨씬 심할 뿐 아니라 온갖 과외 활동으로 과부하가 걸려 있다. 경쟁이 심한 운동을 학기마다 한두 가지 이상은 해야 하고, 음악과 미술 과외도 받아야 하고, 지역 사회에서 주관하는 프로그램에도 참여해야 하고, 주말에는 부모들끼리 약속한 놀이나 파티에도 참석해야 한다.

아이들은 노는 시간이라는 선물을 받기는커녕 유년기를 빼앗기고 있다. 아이들을 경쟁력 있는 사람으로 기르고야 말겠다는 이런 강박적인 문화를 만든 책임이 우리 모두에게 있는 건 아닐까? 갈수록 스트레스가 심해지는 아이들의 상황에 이제 우리 사회가 눈을 떠야 할 때다. 뒤틀린 지금의 상황을 제자리로 되돌릴 방법을 찾아야 한다. 진정한 행복을 느끼는 아이로 키우고 싶다면, 아이들에게 유년기를 되찾아주는 일부터 시작해야 한다.[1]

당연히 부모들은 자녀가 공부도 잘하고 사회성도 좋기를 바란다. 자기 자녀가 교실에서 제일 굼뜬 학생이 되거나, 운동 경기를 할 때 꿔다놓은 보릿자루처럼 앉아 있길 바라는 부모는 없다. 이것은 어디까지나 자연스러운 걱정이다. 그런데 요즘은 부모들의 걱정이 도를 넘은 공포로 변하고 있다. 원인이 무엇일까? 그리고 이것이 우리 아이들에게 어떤 영향을 끼치고 있을까? 부모들은 자녀가 뭐든 빨리 배우기를 바란다. 부모들의 이런 열망 때문에 어느 순간 학교는 아이들이 몹시 싫어하는 곳이 되었고 학기가 시작되면 수개월 동안 벗어날 수 없는 끔찍한 곳으로 전락하고 만다.

나는 성적이 썩 좋은 편은 아니었다. 하지만 부모님은 내가 A나 B 학점을 받았는지 여부보다 또래 친구들과 잘 지내는지 여부에 관심이 더 많으셨다. 형편없는 성적표를 받아온 날에는, 내 머릿속에는 나나 선생님이 미처 알아보지 못한 것이 들어 있다고, 그게 아직 수면에 떠오르지 않았을 뿐이라고 오히려 나를 안심시키셨다. 많은 아이들, 특히 학업에서 실패하는 것을 절대 용납하지 않는 집안의 아이들에게 이런 위로는 그저 꿈만 같은 일이다.

교육은 요람에서 시작된다고 어머니는 말씀하시곤 했다. 요즘 부모들은 이 말에 동의하지 않을지 모르지만, 우리 어머니 세대에게 배울 점이 많다. 어머니 세대의 여성들은 잠자리에서 아기에게 노래를 불러주었다. 어머니의 어머니가 했던 대로 자신의 목소리를 사랑하는 아기에게 들려주었다. 그러나 요즘 부모들은 아이에게 노래를 불러주기보다 모차르트의 음악이 아기의 두뇌 발달에 미치는 효과를 운운하는 연구 결과에 귀를 기울인다. 50년 전 여성들이 걸음마를 배우는 아이에게 손 율동을 곁들여 노래를 가르친 이유는 아이와 함께 즐거운 시간을 보내기 위해서였다. 그런데 부모와 자녀 사이의 유대감과 육아의 중요성을 끝도 없이 강조하는 요즘, 따로 시간을 내서 아이에게 동요를 불러주는 부모가 얼마나 될까?

어머니들은 유년기의 소중함을 옹호하는 최고의 지지자로서 마땅히 자신의 역할을 다해야 한다. 스페인의 격언처럼 "한 사람의 어머니는 수천 명의 성직자와 같은 값어치를 지니고 있다." 하지만 정작 요즘 부모들은 아이가 시대를 앞서 가도록 쉴 새 없이 달달 볶아야 한다는 소리를 더 많이 듣는다. 자녀의 성공은 어머니의 능력에 달려 있고 아버지에게 중요한 것은 아이들이 들고 오는 우수한 성적표라고 말하는 문화는 무언가 잘못됐다.

수많은 가정이 이런 덫에 걸려 있는 요즘의 현실은 참담하기 그지없다. 십 대와 청소년에게서 이제 그 결과가 점점 더 명확해지고 있다. 부담과 압박을 간신히 견뎌내긴 했지만, 온전한 인격으로 성장해야 할 중요한 시기를 놓쳤고, 부모와 자녀가 신뢰하고 포용하고 격려하는 건강한 관계를 형성할 기회를 놓쳤기 때문이다. 소설가 킴 윙 켈트너는 자신의 어린 시절을 이렇게 회상한다.

성적표에 A 학점만 받아오라고 몰아세우고 압박하는 세태는 아이들로 하여금 부모는 오직 아이가 학교에서 받아오는 종이쪽지만 바라보는 존재라고 믿게 만든다. 이러다가는 어느 순간 아이들이 이런 마음을 먹을지도 모른다. "무엇을 해도 부모님을 기쁘게 하지 못한다면, 시도하는 게 무슨 소용이 있어?"

나는 오로지 부모님의 잔소리를 듣지 않을 생각에 좋은 성적을 받았다. 학교에서는 최고 성적을 냈지만, 다른 사람들과 관계를 맺으라고 격려하는 소리는 한 번도 들은 적이 없다. 부모님으로부터 독립하는 건 꿈도 꾸지 못했다. 부모님은 늘 이렇게 말씀하셨다. "넌 나의 일부야. 네가 하는 행동을 보고 나를 돌아본단다."[2]

이런 식의 압박을 견뎌낸 사람들은 부모가 몰아붙이지 않았다면 지금처럼 좋은 직업을 구하거나 돈을 많이 벌지 못했을 거라고 말한다. 하지만 무엇이 진정한 성공일까? 인간애와 소통이 없는 성공이 진정한 성공일까? 우리 아이들의 다음 세대를 생각해야 한다. 유년기를 제대로 누리지 못한 부모에게 자녀가 무엇을 배울 수 있을까?

다행히 부모로서 자기가 아이에게 정말 원하는 것이 무엇인지 깊이 생각한 끝에 강조점을 바꾼 이들이 많이 있다. 작가 폴 터프는 한 인터뷰에서 아들에게 실패를 받아들이는 법을 가르치고 싶다고 했다.

아들 엘링턴이 태어났을 때 저는 유년기란 경주와 같다고 생각했습니다. 아이가 무엇이든 빨리 배우면 그만큼 시험도 잘 보고 인생도 잘 살아갈 거라고 생각했죠. … 이제는 아닙니다! 아이가 읽기와 셈을 얼마나 잘하는지 크게 신경 쓰지 않습니다. 오해는 마세요. 읽기와 셈하기는 계속 배워야 합니다. 하지만 때가 되면 터득할 거라고 믿습니다.

지금 제가 더 신경 쓰는 건 아이의 성격입니다. … 저는 아이가 실망스러운 순간을 극복하고, 마음을 가라앉힐 줄 알고, 좌절의 순간에도 붙잡고 있던 퍼즐을 놓지 않고, 잘 나누고, 사랑과 확신과 온전한 소속감을 느끼길 바랍니다. 그리고 무엇보다도 실패를 잘 받아들였으면 좋겠습니다.

온갖 문제로부터 아이를 보호하려는 본능이 유전자에 깊이 새겨진 부모 입장에서는 물론 힘든 일입니다. 그런데 아이를 보호한다면서 결국엔 아이를 해롭게 한 경험이 있지 않나요? 역경을 극복하고 실패를 받아들일 기회를 빼앗긴 탓에 어른이 되었을 때 진짜 문제 있는 인간이 되는 겁니다. 역경을 극복하면서 인격이 자란다는 중요한 사실을 놓치고 있는 것이죠.'

종종 실패가 성공보다 많은 것을 가르쳐준다는 사실을 아이들도 배워야 한다. 아이들은 저마다 힘든 시기를 겪게 마련인데, 이런 시간은 아이의 인격 형성에 아주 중요하다. 힘든 시간을 겪지 않고 어떻게 위대한 승리가 실패 뒤에 온다는 사실을 배울 수 있겠는가?

19세기 독일의 교육가이자 평화 사상가인 프리드리히 빌헬름

포에스터는 현대 문명이 주는 안락함이 삶을 너무 편안하게 만들어서 아이들이 어른이 될 때까지 고난을 견뎌낼 힘을 키우지 못한다고 썼다. 아픔이나 고통, 힘든 일이나 희생을 견디지 못하는 것은 말할 것도 없고, 예측할 수 없는 인생에 제대로 대처하지 못하고 힘없이 굴복한다는 것이다. "마치 된통 얻어맞은 것처럼… 좌절을 어떻게 극복해야 하는지, 어떻게 건설적인 방향으로 바꿔야 하는지 알지 못한 채 부담스럽고 성가시다고 손사래를 친다. 바로 이런 좌절과 실패가 이전 세대에게 인생의 어려움을 극복할 힘을 주었다는 사실을 까맣게 잊고, 현실에 적응하지 못하는 사람들을 정신 병원에 보내는 것을 당연하게 여긴다."[4]

부모가 아이를 품에 안고 어떠한 위험이나 위기, 좌절로부터 보호하려 하면 오히려 아이에게 해가 되기 쉽다. 교사인 제시카 레이는 "아이가 실패하도록 허용해야 하는 이유"라는 글에서 이렇게 말했다.

부모의 과잉보호로 아이들이 자신의 행동에 책임을 지지 못하고 자연스러운 결과마저도 받아들이지 못하는 예를 많이 보았다. 이런 일이 반복되면 아이들은 특권 의식을 갖기 쉬운데, 이때 부모들은 학교를 믿고 문제를 해결하기 위해 교사들과 협력하길 꺼린다. 그것이 사실은 아이와 학교 모두에게 유익한 일인데도 말이다.

아이들이 실패로부터 배우는 것을 가로막는 부모들이 나는 가장 걱정스럽다. 교사는 단순히 읽고 쓰고 셈하는 법을 가르치는 사람이 아니다. 우리는 아이들에게 책임감, 조직, 태도, 자제력, 통찰력에 대해서도 가르친다. 이런 능력은 학력고사로 평가할 수 있는 것이 아니다. 하지만 이런 것이야말로 아이들이 바르게 성장하도록 돕는 가장 중요한 삶의 기술이다.[5]

세상에는 시도하고, 실패하고, 다시 시도하면서 배워야 할 것이 많이 있다. 아이와 함께 무언가를 하다가 기대에 미치지 못할 때 좋은 선생님이라면 아이 스스로 개선 방법을 생각하도록 돕고 좋은 방법을 찾을 수 있게 영감을 불어넣을 것이다. 그런데 부모가 나서서 아이가 해결해야 할 과제를 다 처리해버리면 아이는 배울 것이 없다. 부모의 그런 행동을 아이는 어떻게 받아들일까? 언젠가는 부모의 곁을 떠나 아이 혼자 어려움에 맞서야 한다. 그때도 문제를 대신 처리해줄 사람을 찾아 두리번거리길 바라는가, 아니면 자기 힘으로 앞으로 나아가길 바라는가? 만약 아이의 태도에 성의가 없는데도 '자존감'을 떨어뜨리지 않으려고 아이를 칭찬하면, 그 아이는 어려운 일을 해냈을 때 찾아오는 만족감을 언제 경험할 수 있을까?

이때는 대담하고 적극적인 아버지가 나설 차례다. 나는 어머니만큼 아이의 인생에 좋은 영향을 미치는 사람은 없다고 생각한다. 하지만 아버지는 어머니와 다르면서도 어머니 못지않게 중요한 역할을 한다. 〈뉴욕 포스트〉의 칼럼니스트 나오미 섀퍼 라일리는 이렇게 썼다.

아버지는 아이들이 모험을 하도록 조금 더 쉽게 도울 수 있다. 아이들에게 자전거 타는 법을 가르치다가 손을 놓아버릴 수 있어서만이 아니다. (아이들에게 자전거를 가르칠 때 나의 모성 본능은 이를 저지했다.)

심리학자 대니얼 패킷은 이렇게 말했다. "아버지들은 뒤에 멀찌감치 서서 아이들이 자기 앞에 놓인 환경을 바라보게 하는 반면, 어머니들은 아이들 앞을 가로막고 서서 아이와 눈을 맞춰야 직성이 풀린다."

여러 해 동안 우리는 아버지가 가정에 있을 때 얻는 가장 기본적인 유익을 관찰했다. 남자아이들은 좀처럼 범죄를 저지르지 않았고 여자아이들은 남자 어른에게 성적으로 이용당하는 일이 줄었다. 하지만 아버지가 하는 역할은 이것이 다가 아니다. 아버지들은 이 시대를 사는 우리 아이들의 인생을 준비시키는 일을 한다.

아이가 자유롭게 뛰어놀게 하고, 모험에 나서게 하고, 실패하든 성공하든 스스로 헤쳐나가는 투지를 갖게 하고, 조금 더 독립심을 기르도록 독려함으로써 아버지는 아이가 건강한 어른으로 자라게 돕는다.[6]

탐색과 모험으로 가득 찼던 내 유년 시절을 떠올릴 때마다 어떻게 하면 요즘 아이들이 자신감과 담대함을 얻게 도울 수 있을 지 곰곰이 생각한다. 위험으로부터 아이들을 보호해야 하는 건 당연하지만 자칫 과잉보호에 빠지기 쉽고, 그러다 보면 아이가 소심하고 신경질적인 성격을 갖기 쉽다.

자연은 거대하고 때론 두렵고 알 수 없다. 그렇다고 자연을 멀리할 필요는 없다. 시간을 내서 아이들과 함께 탐험해보면, 도시 공원이나 인근 숲에도 배움의 기회와 자신감을 쌓을 기회가 있다는 사실을 깨닫게 된다. 저명한 생물학자 레이첼 카슨은 이렇게 말했다. "타고난 경외감을 살려두려면 단 한 명의 어른이라도 아이와 그것을 공유하고 우리가 살고 있는 이 세상의 기쁨과 흥분, 신비로움을 재발견할 수 있어야 한다."

눈 위에 누워서 팔다리를 위아래로 휘젓고, 웅덩이에서 물을 튀기고, 나무를 오르는 일이 얼마나 매력적인지 경험할 기회를 모든 아이에게 주어야 한다. 부모들은 속도를 늦추고 하나님이 아이들과 함께하라고 주신 소중한 시간을 즐길 줄 알아야 한다. 시간은 한 번 지나면 다시 돌아오지 않는다. 아이들은 어느새 어른이 되어버린다. 부모와 자녀의 관계는 아이들의 유년기에 함께했던 기억에 달려 있다.

유럽 출신의 우리 가족이 2차 세계대전 때 남미로 망명하는 바람에 나는 파라과이의 오지에서 자랐다. 부모님은 우리 일곱 형제를 모두 프뢰벨의 교육 철학에 따라 놀이와 노래, 이야기를 중요하게 여기고 자연을 최상의 교실로 삼아 기르셨다.

우리에게는 근사한 놀이터도, 제대로 된 놀이 기구도 없었다. 하지만 높이 쌓은 모래 더미 위에서, 집 근처에 있는 강에서 몇 시간이고 즐겁게 놀았다. 그곳은 우리에게 친구가 되어주었다. 우리의 상상력은 거친 자연을 누볐고 그 속에서 집과 성, 머릿속에 떠오르는 모든 것을 만들었다. 집 밖에서 대부분의 시간을 보내면서 다양한 곤충과 식물, 동물을 만났다.

모험에 푹 빠져 있던 우리는 더 바랄 게 없었다. 부모님이나 선생님이 농장에 심부름을 시키려고 놀이에 빠져 있는 우리를 부르려면 애를 먹었다. 현대 사회는 모래 더미의 중요성을 다시 깨달을 필요가 있다. 모래 더미 하나가 나를 행복하게 만들었다면, 다른 아이들을 행복하게 하지 못할 이유가 어디에 있을까!

한번은 어떤 사람이 우리 가족에게 애완용 원숭이를 한 마리 주었다. 우리는 원숭이에게 베르토라는 이름을 붙여주었다. 베르토는 곧 우리 가족의 일부가 되어 내 어깨에 올라타고 함께 산책을 다녔다. 우리는 베르토를 무척 아꼈다. 그런데 베르토에게는 이웃집 마틴 아저씨가 좋아하지 않는 나쁜 버릇이 있었다. 베르토가 아저씨 밭에 들어가 토마토를 먹어치우거나 채소를 해치우는 바람에 원숭이를 좋아하는 자녀들 때문에 너그럽게 봐주던 아저씨도 결국 나의 아버지에게 불평을 하셨다. 그 바람에 아버지는 베르토를 다른 곳에 보낼 궁리를 하셔야 했다. 어느 날 아버지는 나더러 베르토를 야생에 풀어주자고 하셨다.

정말 끔찍한 날이었다. 베르토 없는 가족을 상상할 수 없었던 우리 형제들은 울음을 터뜨렸다. 그래도 나는 용감하게 아버지를 따라 베르토를 데리고 정글 깊숙이 들어갔다. 충분히 깊이 들어 왔다고 생각한 아버지와 나는 베르토를 놔주었다. 베르토는 기분 좋게 가까운 나무 위로 올라갔다. 원숭이는 놀라울 정도로 똑똑 하다. 사람이 손을 흔들거나 웃거나 우는 모습을 곧잘 흉내 낸다. 아버지와 내가 돌아서자 베르토는 손을 흔들며 작별 인사를 했 다. 슬퍼진 우리는 집으로 돌아왔다.

그런데 집에 돌아와 보니 베르토가 문 앞에서 우리를 기다리 고 있었다. 우리를 보고 신이 나서 팔을 흔들었다. 우리가 정글을 떠나자마자 베르토는 재빨리 나무를 타고 우리보다 먼저 집에 돌아왔던 것이다. 우리 형제들은 감격해 웃고 또 울었지만, 베르 토가 계속 집에 있을 수는 없다는 것도 알았다.

며칠 뒤에 우리는 베르토를 데리고 다시 정글로 들어갔다. 이 번에는 강을 건너 더 깊은 곳으로 갔다. 원숭이가 수영을 못한다 는 걸 알았기 때문이다. 이제는 정말 작별이었다. 베르토가 내 어 깨 위에 올라타는 것도 그때가 마지막이었다. 베르토를 떠나보내 면서 우리 가족에게는 커다란 빈자리가 생겼다. 하지만 베르토와 함께하는 동안 나는 흉내 내기부터 귀소 본능까지 동물의 행동 을 이해하게 되었을 뿐 아니라 인간의 행동을 이해하게 되었고 사랑하는 무언가를 떠나보내는 법도 배웠다.

아버지는 내게 영웅이셨다. 우리에게 적극적으로 사랑을 표현했고 무엇이든 함께했는데, 동물과 관련된 모험에는 늘 아버지가 계셨다. 그때의 기억은 내게 유채색 그림으로 남아 있다. 언젠가 아버지는 동생 마리아에게 까만 새끼 고양이를 주셨다. 마리아는 그 고양이를 푸스라고 불렀다. 그런데 그해 여름 유행한 광견병이 우리 지역에도 닥쳐서 소와 말을 포함해 수많은 애완동물이 죽고 말았다. 전염병은 갈수록 심해졌고 급기야 농장의 가축도 하나둘 쓰러졌다. 사방으로 퍼지는 전염병을 차단하기 위해결국 지방 정부는 집마다 애완동물을 모두 없애라는 명령을 내렸다. 우리는 아버지에게 푸스를 구해달라고 애원했다. 결국 아버지는 푸스를 위해 집 뒤에 작은 우리를 만드셨다. 그리고 매일 아침저녁으로 우리 밑에 난 작은 계단을 통해 푸스가 밖으로 나가게 하셨다. 덕분에 고양이는 우리를 나갔다가 다시 들어올 수있었다. 푸스는 곧 그런 일상에 익숙해졌고 우리에 얌전히 앉아 아버지가 오기만 기다렸다. 푸스는 광견병이 완전히 지나갔다는 판단이 나올 때까지 6주 동안 우리에서 지냈다. 그동안 아버지는 우리들이 고양이를 절대 만지지 못하게 하셨다. 결국 푸스를 독방에서 풀어주는 날이 찾아왔다! 푸스가 살았다는 사실에 우리는 정말 기뻤다. 그때 우리 지역에서 살아남은 고양이는 푸스 하나였다. 쉬운 길을 택하는 대신 우리들의 동정심에 반응하신 아버지는 우리에게 진실성이라는 또 하나의 인생의 교훈을 주셨다.

유년 시절을 되돌아보면 가난과 질병이 만연했고 고된 육체 노동은 일상이었다. 집에는 상수도나 하수도가 들어오지 않았고 난방은 고사하고 여러 해 동안 전기도 들어오지 않았다. 불을 피워 요리했고 장작을 패서 쌓아놓고 물을 길어 와야 했다. 거칠게 웃자란 풀은 낫으로 베어야 했는데 비가 온 다음 날이면 풀이 더 쑥쑥 자랐다. 십 대였던 나는 끝이 없는 심부름에 불평했지만, 부모님은 그런 나를 전혀 불쌍히 여기지 않으셨다. 사실 되돌아보면 감사한 일이다. 부모님은 이를 통해 내게 절제력과 집중력, 끈기와 추진력을 가르치셨다. 아버지가 되는 데 필요한 덕목을 미리 준비시키신 것이다.

아이들에게 심부름을 시키고 가족의 일상에 기여하게 하는 것은 중요하다. 운동 경기와 클럽 활동, 학업 등으로 일정을 빡빡하게 짜서 스스로 성장할 시간을 빼앗는 것과는 다르다.

그렇다. 아이들은 한계를 극복해야 하고 지적으로도 자극을 받아야 한다. 느낌을 표현하고 읽고 쓰고 자신의 생각을 개진하고 옹호할 줄 알아야 한다. 하지만 이런 공부가 현실의 삶을 준비하는 데 도움이 되지 못한다면 무슨 소용이 있을까?

우수한 아이를 갖고 싶어 하는 부모의 욕망은 비뚤어진 시각을 보여준다. 아이들을 작은 어른으로 보는 시각이 투영된 것이다. 이 문제를 해결할 가장 좋은 해독제는 어른들의 기대를 모두 내려놓고 아이들과 같은 눈높이에서 아이들의 눈을 바라보는 것이다. 그래야만 아이들이 하는 얘기를 들을 수 있고, 아이들의 생각을 이해하고 아이들의 관점에서 인생의 목표를 설정할 수 있다. 그래야만 아이들에게 투영한 우리들의 야망을 내려놓을 수 있다. 시인 제인 타이슨 클레멘트가 노래한 것처럼 말이다.

아이야, 내가 너를 가르쳐야 한다지만

결국에는 우리 모두

아이가 되어야지.

한 아버지의 아이들 말이야.

그때 나는 배운 걸 모두 잊을게.

어른의 세계와

방해만 되는 지식을 모두 잊을게.

그때는 네가 나를 가르쳐주겠니?

너의 생생한 경외심으로

내가 땅과 하늘을 보도록

도와주겠니?[7]

아이들에게는
빈 공간이 필요하다

어린 묘목일 때 굽어 자란 참나무를
곧게 펴는 것은 쉽지 않다.

| 스코틀랜드 속담 |

　　　　　21세기의 아이들은 비디오 게임기로 멀리 떨어진 세계를 조종하지만, 정작 창밖의 진짜 세상을 이해하지는 못한다. 눈에 초점을 맞출 수 있게 되는 순간 황홀한 오락물이 아이들을 낚아채기 때문이다.

　부모와 교사는 지나치게 많은 기술이 아이들에게 도움이 되지 않는다는 사실을 잘 안다. 사이버 왕따와 일상에 깊이 침투한 음란 사이트, 인터넷에서 판치는 성 학대에 관한 끔찍한 이야기를 귀에 못이 박히게 들었다. 물론 부모가 아이들에게 접속 가능한 사이트를 정해주거나 인터넷 사용 시간을 제한할 수도 있다. 하지만 기술 자체가 유년기에 해가 되는 것으로 드러나면 그때는 어떻게 해야 할까?

　영국 신문 〈텔레그래프〉 지의 교육면 편집자 그래임 패턴이 이런 현실에 경종을 울리는 글을 썼다.

　교육 현장에서 일하는 교사들에 따르면, 태블릿 PC와 스마트폰 중독 탓에 블록 놀이에 필요한 운동 기능조차 상실한 유아들이 속출

하고 있다. 서너 살밖에 안 된 아이들이 태블릿 PC 화면을 가볍게 넘길 줄은 알아도 나무 블록을 움직일 줄은 모른다. 아이패드를 몇 시간씩 붙들고 살다 보니 나머지 손가락에 힘이 하나도 없어서다.

교사 협회 회원들도 저학년 아이들이 컴퓨터 화면에 지나치게 많은 시간 노출된 탓에 기억력이 퇴화되고, 펜과 종이 방식의 전통적인 시험을 끝까지 치르지 못하는 것이 현실이라고 경고한다. 교사들은 문제를 해결하기 위해 부모들이 태블릿 PC를 엄격하게 단속하고 밤에는 와이파이를 꺼놓아야 한다고 촉구한다.[1]

론다 길레스피는 수십 년간 교육 현장에서 일한 유아 전문가다. 언젠가 내가 최신 기술과 아이들에 대해 어떻게 생각하는지 묻자 자신의 경험을 이렇게 털어놓았다.

지난 20년 동안 기술이 아이들에게 끼치는 파괴적인 영향을 지켜보았습니다. 기술은 아이들이 건강하게 성장하는 데 필요한 토대를 공격합니다.

제가 어렸을 때는 동네가 안전해서 매일 친구들과 밖에서 놀았습니다. 그러면서 창의력과 상상력을 마음껏 발휘하고, 문제를 해결하는 기술을 익히고, 몸을 건강하게 단련했죠. 그런데 저도 아들을 기르고 있지만, 요즘에는 밖에서 뛰어노는 아이들을 찾아보기 어렵습니다. 세태가 변해서 이제는 밖에서 노는 건 위험하다고 여기는 것 같습니다.

제가 다시 풀타임으로 일을 하는 바람에 아들과 저녁 시간을 여유 있게 보내거나 야외 활동을 즐기는 시간이 줄었습니다. 그때 큰 실수를 했습니다. 아들에게 비디오 게임기를 처음 사주었거든요. 처음에는 규칙도 만들고 시간도 제한했지만, 시간이 갈수록 아이가 게임기를 가지고 노는 시간이 늘어났습니다.

처음에는 우리 둘 모두에게 이득이 되는 일인 줄 알았어요. 게임기 덕분에 아들은 여러 나라 아이들과 잘 어울리고 또래 아이들도 자연스럽게 사귀었거든요. 게임을 아주 잘해서 자신감도 올라갔고요. … 언젠가는 아들이 동네 아이를 사귀어서 놀 거라고 철석같이 믿었어요. 사회성을 키우는 건 늘 만만치 않은 일인데, 비디오 게임 회사들은 자기네 회사 제품이 관계를 형성하는 다리 역할을 한다고 홍보하더군요. 이제는 아이가 건강한 관계를 형성할 기회를 아주 잃었다고 생각합니다.

아들은 이제 열일곱 살입니다. 하루 종일 문자 메시지를 보내며 지낼 줄은 알아도 주변 사람에게 어떻게 말을 걸어야 하는지는 전혀 모릅니다. 놀림을 받을 걱정이 없어서 컴퓨터를 통해 대화하는 게 더 편하대요. 모든 게 서툴렀던 유년기에 문제를 해결하는 법을 배우고 성장할 수 있는 기회를 놓쳤기 때문이죠. 만약 제 아들에게 '온라인 친구들'이라는 선택지가 없었다면 사회성을 제대로 기를 수 있었을까요?

유년기는 문제를 해결하고 인생에서 겪는 어려움에 대처하는 기술을 배우는 때가 아닌가요? 기술 때문에 삶이 편해지기는 했지만, 성공을 위해 필요한 노력과 인내의 길로부터 아이들을 멀리 떼어놓아 버렸어요. 아무런 노력도 없이 즉시 무언가 이루어지길 바라는 세대를 만든 겁니다. 예를 들어 제가 학교에 다닐 때는 보고서를 쓰려면 몇 달을 준비하고 도서관을 분주하게 들락거리며 공부하고 자료를 찾았거든요. 그런데 제 아들은 같은 보고서를 컴퓨터 앞에 앉아서 몇 시간 만에, 그것도 검증이나 입증할 자료도 없이 뚝딱 만들어냅니다.

아이들에게 태블릿 PC 같은 화면 기기를 쥐어주면서 우리는 아이들의 유연성과 자기 결정 능력, 열심히 하려는 의지와 성취감을 심각하게 망가뜨리고 말았습니다. 아이들에게서 사회성이 사라지고 있습니다.

전자 기기를 들여다보는 시간이 길면 길수록 몸의 건강, 특히 눈과 귀가 나빠지고 체중에도 좋지 않은 영향을 끼친다는 것은 익히 알려진 사실이다. 하지만 아이의 몸뿐 아니라 아이의 영혼도 타격을 받는다는 사실을 기억해야 한다. 많은 아이들이 사려 깊은 말을 주고받아야 하는 실제 사람과 의사소통하는 데 어려움을 겪는다. 유치원에 오는 아이들 중에 언어 장애를 겪는 아이의 수가 계속 늘어난다. 아예 말을 하지 않는 아이들도 있다. 이는 자폐 관련 질환에서 흔히 볼 수 있는 증상이다. 그래서 수많은 아이들이 단지 인격적인 관계를 맺을 기회가 없었을 뿐인데, 그 때문에 자폐 진단을 받는 것이 오늘날의 현실이다.

'폭력의 고리 끊기' 프로그램을 통해 학교를 방문하다 보면 진짜 자기가 누구인지, 어떤 게 가면인지 모르는 학생들과 얘기를 나눌 때가 종종 있다. 유년기 내내 인터넷 게임이라는 가상의 세계에서 여러 개의 가면을 쓰고 '아바타'를 조종하며 자랐기 때문이다. 그런데 이 가면을 보통 사람은 흉내 낼 수 없는 화려하고 용감한 모습으로 만들면, 결국 그는 자기 자신을 미워하게 된다. 그러면 남는 것은 절망과 우울뿐이다. 그리고 너무나 많은 경우 자살에 이른다.

여러 가지 면에서 비디오 게임 중독은 약물 중독이나 알코올 중독만큼 위험하다. 아이들을 어두운 세계에 밀어 넣고 헤어나지 못하게 만들 수 있기 때문이다. 빈번하게 발생하는 교내 총기 난사 사건이 대개 열렬한 게이머들에 의해 자행되었다는 사실은 놀랄 일도 아니다. 이 아이들은 폭력 게임과 현실 세계의 차이를 구분하지 못하고, 자신이 저지른 일에 대한 후회나 희생자에 대한 연민의 감정도 느끼지 못한다. 제3세계 국가에서 어린아이들을 징병한다는 소식에 우리는 놀란다. 하지만 사실 우리 아이들도 제3세계에 있는 아이들 못지않게 잔인한 민병대의 일원으로 우리 가정 안에서 자라나고 있는 것이 현실이다. 이런 현실에 나는 가슴이 먹먹해진다.

비디오 게임을 시작한 첫 세대가 이제 부모 나이가 되었는데, 그중에는 게임 중독을 극복하지 못한 이가 수두룩하다. 일을 마치고 집에 돌아온 아버지들은 곧바로 폭력적인 환상의 세계로 사라지고 만다. 게임의 덫에 걸려 아직도 사춘기에 그대로 머물러 있고, 아이들과 함께 보내야 할 시간을 가상 세계에서 허비한다. 아이들과 공놀이를 하고 잠자리에서 이야기를 들려주면서 현실 속에 있는 진짜 아이와 보낼 그 소중한 시간을 말이다.

기술은 모든 세대에 악영향을 끼친다. 이유는 간단하다. 관심과 배려의 대상을 인간에서 기계로 바꾸어버리기 때문이다. 특히 기술은 곁에서 이끌어주고 본을 보여주는 어른에게 의지하는 데 익숙한 어린아이들에게 큰 해를 끼친다. 교육가 킴 존 페인은 《내 아이를 망치는 과잉육아*Simplicity Parenting*》라는 책에서 이 문제를 다룬 적이 있다.

전 MIT 교수이자 인공 지능 분야의 개척자 요제프 바이젠바움은 어린아이들이 컴퓨터 기술을 이용하는 것이 과연 적절한지 의문이라고 했다. 그는 인간의 가치관이나 상식을 갖추지 못한 인공 지능에게 징말로 아이들을 맡기고 싶은 거냐고 우리에게 묻는다. 요제프 바이젠바움은 인간의 상호작용이 갖는 탁월한 특성은 기계로 복제할 수 있는 것이 아니라고 말한다. 예를 들어 '잠자는 아이를 바라보며 아버지와 어머니가 말없이 주고받는 눈짓'을 어떻게 복제할 수 있겠느냐는 말이다.

컴퓨터 화면에 너무 일찍 노출되면, 관계를 맺고 오감으로 탐험하며 배우는 복합적인 학습 시스템이 방해를 받지는 않을까? 나는 컴퓨터가 아이들의 삶의 일부가 되어서는 안 된다고 믿는다. 어려서부터 궁금한 게 있으면 먼저 포털 사이트를 이용하고 질문은 그 다음에 하거나 그마저도 아예 하지 않으며 자란 아이가 있다고 치자. 그런 아이에게 과연 호기심이라는 게 있을까? 과연 민첩하고 창의적인 사고나 질문에 대한 답을 찾는 끈기가 있을까?[2]

요즘은 아무리 가난한 가정이라도 텔레비전이나 컴퓨터를 한 대씩은 갖추고 산다. 선반에 먹을거리가 충분히 쌓여 있지는 않아도 되지만, 이런 전자 기기가 없으면 곤란하다. 부모가 종일 일해야 하고 아이를 돌볼 사람을 고용할 형편이 안 되어 전자 기기에 아이를 맡긴다고 항변하는 이들도 있다. 아주 틀린 말은 아니다. 전자 기기 덕분에 아이들이 집에 있으면 최소한 안전은 보장되지 않느냐고 반문하는 이들도 있다. 하지만 무엇으로부터의 안전인지 생각해보아야 한다. 지금 아이들은 영혼에 독이 되는 것을 너무 많이 섭취하고 있다.

기술이 아이들에게 지운 부담을 덜어줄 지름길은 없다. 하지만 아이들을 사랑한다면, 어디서부터 시작해야 할지 모른다는 이유로 단념해서는 안 된다. 지금 당장 할 수 있는 일은 아이들에게 조금 더 '빈 공간'을 주는 것이다. 책에서 빈 공간은 행과 행 사이의 여유, 상하좌우 여백, 장이 시작하는 페이지의 여유 공간을 말한다. 이 빈 공간은 글이 '숨을 쉴' 기회를 주고 눈이 쉬어갈 자리를 준다. 빈 공간은 독자가 책을 읽을 때 의식하지 않는 공간이다. 있는지도 모르는 것이 빈 공간이다. 하지만 빈 공간이 없으면 금방 알아차린다. 책 디자인을 잘하는 열쇠가 바로 여기에 있다.

책에 빈 공간이 필요하듯 아이들에게도 빈 공간이 필요하다. 정보 시대의 맹공을 막아줄 공간, 마음껏 성장할 수 있는 공간이 아이들에게는 필요하다. 빈 공간이 부족할 때 나타나는 결과를 알아보기는 그렇게 어렵지 않다. 아이들이 오락물, 물질적인 것, 학업에 대한 과도한 부담, 끊임없는 가정불화에 짓눌리면 배터리가 얼마 안 남은 손전등처럼 되어버린다. 불빛이 희미하기는 한데 뭐가 문제인지는 알지 못한다. 아이들이 제 속도에 맞춰 성장하는 데 필요한 시간과 공간, 형편에 따라 적절하게 대처할 수 있는 신축성을 인정해주지 않으면, 아이들은 배터리를 충전할 수가 없다.

중국 철학자 노자는 '항아리를 쓸모 있게 만드는 건 항아리를 빚는 진흙이 아니라 그 속에 생긴 공간'이라고 했다. 자극과 안내가 진흙이라면 혼자 있는 시간은 항아리 속 빈 공간이다. 혼자 몽상에 잠기거나 조용히 있을 수 있는 시간을 주고 가능하면 자연

속에서 자유롭게 뛰어놀게 하면, 아이에게는 안정감과 독립심, 하루의 리듬에 꼭 필요한 휴식이 생긴다. 아이들은 고요를 즐긴다. 주의를 산만하게 하는 외부 요인이 없을 때 아이들은 주변에 있는 것을 모두 잊고 자기가 하는 일에 집중한다. 불행히도 요즘 아이들에게는 고요함이 사치가 되어버려서 방해받지 않고 무언가에 집중할 기회가 참으로 드물다.

부모를 포함해 아이를 돌보는 사람들이 아이들에게 고요와 빈 공간을 조금 더 줄 수 있는 창의적인 방법을 어떻게 하면 찾을 수 있을까? 어떤 학교에서는 교사들이 봉지를 들고 휴대 전화와 태블릿 PC를 거두어 수업 시간 동안이라도 아이들이 수업에 집중하도록 돕는다. 어떤 교사는 방과 후에 오락 시간을 줄여달라고 학부모에게 편지로 당부한다. 그러면 아이들이 숙제도 끝낼 수 있고 잠도 잘 잔다고 알려준다. 폭력적인 정보를 덜 흡수하면, 그만큼 교내에서 싸움과 말다툼, 왕따가 줄어든다고 설명한다.

학교 당국과 협의하여 교실에서 컴퓨터를 없앤 교사들도 있다. 물론 힘겨운 싸움이었다. 컴퓨터는 이미 없어서는 안 될 물건이 되어버렸기 때문이다. 교사들은 사람들에게 이렇게 묻는다. "아이들이 집에서 TV나 태블릿 PC에 달라붙어 지낸다는 이유로 학교에 있는 낮 시간에도 그렇게 하게 해준다면, 그것이 과연 아이들의 교육이나 신체 건강에 이롭겠습니까? 그 결과가 불안, 공격성, 집중력 결핍이라면, 학교가 이루어야 할 목표를 이룬 것입니까?" 나는 이들의 말이 타당하다고 생각한다.

캘리포니아 로스앨터스에 거주하는 구글, 애플, 휴렛패커드 사 경영진의 자녀들은 발도로프 학교에 다닌다. 이와 관련하여 〈뉴 욕 타임스〉에 이런 기사가 실렸다.

이 학교에서는 첨단 기기만 아니면 그 어떤 것도 교육 자료로 환 영한다. 펜과 종이, 뜨개질바늘, 가끔은 진흙도 등장한다. 컴퓨터는 눈을 씻고 찾아도 볼 수 없다. 화면 기기는 절대로 허용하지 않는 다. 교내에서 컴퓨터를 사용하는 것은 금물이고 가정에서 사용하 는 것도 좋아하지 않는다.

전국에 있는 학교는 교실에 컴퓨터를 들이는 일에 앞장서왔다. 많은 정책 입안자들이 그렇게 하지 않는 건 어리석은 짓이라고 말 한다. 하지만 기술 산업의 최전선에서는 반대 의견이 나오고 있다. "컴퓨터와 학교는 섞일 수 없다."

컴퓨터 엔지니어 출신의 교사 캐시 와히드는 배움을 아주 매력 적이면서도 손에 잡힐 수 있을 정도로 실제적인 것으로 만들려고 애쓴다. 작년에 캐시는 산수 시간에 분수를 가르치기 위해 학생들 에게 음식을 자르게 했다. 사과, 케사디야, 케이크를 4분의 1, 2분 의 1, 16분의 1로 잘랐다. "4주 동안 분수로 먹고살았어요. 제가 아 이들에게 다 돌아갈 수 있게 케이크를 자를 때 아이들이 딴짓을 하고 있었을 거라고 생각하세요?" 교실을 첨단 기술로 가득 채우는 정책을 옹호하는 이들은 현대 사회에서 경쟁하려면 컴퓨터가 필요하다고 항변하지만, 발도르프 학교의 부모들은 되레 묻는다. "그렇게 배우기 쉬운 컴퓨터를 뭐 하러 서둘러 가르쳐요?"[3]

첨단 기술 기업의 경영자들이 자녀들을 컴퓨터로부터 보호하는 학교를 선택했다는 사실에 부모와 교사는 귀를 기울여야 한다. 학교가 숭배해 마지않는 첨단 기술을 버릴 준비가 안 되어 있다면, 아이들의 자신감을 키우는 데 도움이 되는 야외 활동에라도 조금 더 관심을 기울여야 한다. 실제 세상이 가상 세계보다 훨씬 흥미롭다는 사실을 아이들이 스스로 깨닫게 해야 한다. '빅 브라더 앤 빅 시스터' 프로그램에 참여하는 로리 랜킨이 이런 이야기를 들려주었다. (빅 브라더 앤 빅 시스터 프로그램은 1904년 미국 뉴욕에서 처음 시작된 일대일 결연 프로그램으로 결연을 맺은 청소년이 도움이 필요한 청소년에게 친구나 형, 부모의 역할을 한다.)

캐츠킬 산행을 지도하는 날이었어요. 날씨는 아주 좋았고 아이들도 제법 많이 왔어요. 그중에서도 랜스라는 열세 살짜리 아이가 기억에 남아요. 음악을 크게 틀고 머리에 헤드폰을 쓰고 왔는데, 오자마자 쏘아대더라고요. "여기 있기 싫어." 그래서 제가 말했죠. "와줘서 고마워!" 열한 살인 랜스의 여동생 제스는 조용하고 수줍음이 많았어요. 숲을 걷다가 큰 바위가 나오자 제가 바위 오르기를 하자고 제

안했어요. 제스는 수줍게 "아니요, 전 못해요"라고 말했지만, 제가 계속 해보라고 하니까 그제야 제 도움을 받으면서 아주 조심스럽게 바위에 올랐어요. 바위에 올라 거의 똑바로 서려던 참이었는데, 겁을 먹고 바로 내려왔어요. 입가에 미소를 머금은 채로요.

그 모습을 랜스가 유심히 지켜보고 있었어요. 계속 걷다가 다시 바위가 나오자 이번에는 제스가 혼자서 바위에 올라가더니 의기양양하게 두 팔을 번쩍 들었어요. 그러자 랜스가 헤드폰을 벗어 목에 걸고는 조심하라고 한마디했어요. 그런데 다음에 바위가 나오자 이번에는 남매가 함께 바위에 오르면서 오빠가 동생에게 어디를 손으로 잡고 어디에 발을 디뎌야 하는지 알려주더라고요. 그렇게 남매는 바위 꼭대기에 서서 승리의 기쁨을 만끽했어요.

그날 남매가 자신감을 얻는 모습을 보면서 가슴이 벅찼어요. 교실에서 책을 소리 내서 읽어야 하거나, 잘못한 일로 어른 앞에서 자신의 입장을 설명해야 하는 등 앞으로 살면서 맞닥뜨리게 될 긴장의 순간도 그날 바위를 정복한 일로 조금은 가벼워질 거라고 생각해요.

이듬해 등반하는 날, 차에서 제일 먼저 내린 아이가 랜스였어요. 이번에는 헤드폰을 끼고 오지도 않았어요. 그리고 저를 보자마자 가방을 열어 무언가를 보여주었어요. 바위를 오를 때 친구들에게 빌려줄 장갑과 누군가 겁을 먹었을 때를 대비해 밧줄을 준비해 왔더라고요. 한없이 퉁명스러웠던 아이가 어느새 또래의 리더로 바뀌어 있었어요.

모든 사람이 숲이나 개울 근처에 사는 건 아니다. 하지만 창의적인 교사들은 조금만 가지고도 많은 것을 할 수 있다. 나의 친구 데이나 와이저는 딸아이의 선생님이 일상에서 아이들에게 빈 공간을 찾아준 일에 대해 이야기해주었다.

딸아이가 1학년 때였습니다. 아이의 선생님은 아이들과 자연을 잘 아는 분이었어요. 하루는 선생님이 아이들에게 놀이터 옆에 있는 나무 중에 하나를 골라 친구로 삼으라고 했답니다. 제 딸 메리는 '애완 나무'로 키가 크고 지름이 넓어서 뒤에 숨을 수도 있는 플라타너스를 골랐습니다. 아이들은 각자 자기가 고른 나무에 대해 공부하고 잎과 나무껍질의 본을 떴습니다. 애완 나무 곁에서 조용하게 보내는 시간은 참 특별했습니다. 학교에서 안 좋은 일이 생기면 메리는 나무를 찾아갔어요. 그늘에 앉아 쉬기도 하고 나무에게 많은 위안을 받았답니다. 메리는 앞으로 모든 나무, 특히 플라타너스를 좋아할 거예요. 그리고 무엇보다도 애완 나무가 선물한, 자연이 주는 치유의 힘을 평생 간직할 겁니다.

빈 공간과 자연은 곤란에 빠진 아이들을 치유할 힘이 있다. 하지만 다른 치료법과 마찬가지로 이것 역시 예방책으로 사용할 때 효과가 크다. 상황이 절박해지기 전에 한발 앞서서 상황을 바꿀 수 있다. 텔레비전 없이 살 수 있겠는가? 수많은 가족이 텔레비전 없이도 좋은 결과를 누리며 잘 지낸다. 나 역시 텔레비전 없이 자랐고, 내 집에도 텔레비전을 두지 않았다. 그래서 우리 아이들은 첨단 기술 제품을 꼭 가져야 하는 것처럼 선전하는 상업 광고를 보지 않아도 되었다.

가까이에 사는 몇 가정이 텔레비전이나 컴퓨터와 같은 화면 기기를 사용하지 않기로 선언하면, 이는 곧 하나의 운동이 되어 사방으로 퍼져나갈 수 있다. 아이들은 함께 모여 놀 수도 있고, 부모들은 우리 집만 시대에 뒤떨어진 건 아닌지 쓸데없는 걱정을 할 필요가 없어진다.

다른 많은 집에서 그러하듯 우리 집에서 컴퓨터는 그저 어른들이 일할 때 쓰는 도구에 불과하다. 오락을 위해 컴퓨터를 켜지 않는다. 우리 아이들은 중학교에 올라가서 기말 보고서를 작성하려면 필요하다는 생각에 그때 비로소 타이핑하는 법을 배웠다. 필요하다면 보고서를 준비할 때 부모가 함께 인터넷에서 자료를 찾거나 도서관에 가서 책을 빌려올 수도 있다. 그때는 인터넷에 올라온 정보가 전부 다 확실한 사실은 아니라는 점을 알려줄 절호의 기회다.

교육을 위해서 세계 뉴스를 알아야 하는 건 맞지만, 반드시 적나라한 화면을 통해 접할 필요는 없다. 우리 어른들도 고통받는 사람들의 소식을 매일 접하면서 싫증을 내거나 무감각해지지 않기가 어렵다. 아이들과 함께 신문이나 라디오를 통해 최신 뉴스를 접하면, 자녀의 나이와 이해력에 맞춰 어려운 주제에 접근할 수 있다. 그러다 보면 자연스럽게 세상의 고통을 주제로 토론할 수도 있고, 고통을 줄이기 위해 어떤 일을 할 수 있는지 이야기를 나눌 기회가 생긴다.

물론 문제는 시간이다. 숨 가쁘게 돌아가는 일상을 사느라 바쁜 우리 어른들은 아이와 놀고 무언가를 함께 하거나 한 자리에 앉아 뉴스에 대해 토론할 시간이 없다고 푸념한다. 교사들도 마찬가지다. 수업 진도를 맞춰야 하는 탓에 아이들이 나무와 함께 시간을 보내게 놔둘 여유가 없다.

하지만 그런 시간을 내지 않았을 때 발생할 수 있는 일을 떠올려보면, 지금 시간을 내는 것이 얼마나 의미 있는지 깨닫게 된다. 사실 우리가 아이와 함께 있는 시간은 몇 년 되지 않는다. 우리 사회는 전염병처럼 번지는 상실감, 자기 이익만 생각하는 십 대 아이들, 연민이나 공감 능력 부재를 한탄한다. 하지만 아이들과 가장 가까이 있는 사람들이 아이들의 영혼을 안내하지도 보호하지 못하는 상황에서 무엇을 기대할 수 있다는 말인가?

일상에 파고든 '스마트한' 장치들을 두고 시간을 절약해주는 고마운 물건이라고 말하지만, 이제는 이런 기기들을 새로운 시각으로 바라볼 필요가 있다. 놀이터에서 아이들끼리 놀게 놔두고 부모는 벤치에 앉아 문자 메시지를 보내는 것이 정말 시간을 절약하는 길일까? 아이들이 코앞에 있는데도 이메일을 하나라도 더 보내고, 기사를 하나라도 더 읽고, 비디오 게임을 한 번이라도 더 하려고 한다면, 아이들에게 노골적으로 "너보다 다른 게 더 중요하다"고 말하는 것이나 다름없다. 사회에 만연한 아동의 컴퓨터 중독에 대해 사람들은 쉽게 말들 하지만, 정작 문제는 집에서 시작된다.

스마트폰을 치우고 살아 숨 쉬는 신비로운 존재들과 눈을 맞추자. 우리를 기다리는 아이들의 눈을 보고 그들을 돌보자. 전원을 끄고 아이의 손을 잡자. 진짜 세상이 훨씬 더 흥미진진한 곳임을 보여주자.

Chapter 5

통장에
돈을 예금하는 것보다
중요한 것

너의 보물이 있는 곳에,
너의 마음도 있을 것이다.

| 나사렛 예수 |

돈이 공공 생활과 개인 생활의 모든 영역에 주술을 거는 이 시대에 부모가 빠지기 쉬운 가장 큰 위험은 경제의 렌즈로 아이들을 바라는 보는 것이다. 한쪽에서는 자식에게 투자했을 때 위험 부담이 얼마나 큰지를 따지고, 또 한쪽에서는 얻을 수 있는 수익을 따진다.

다시 말하면, 돈이 없다며 아이를 낳지 않게 만든 물질만능주의가 돈이 있다는 이유로 아이들을 두 팔 벌려 환영하게 한다. 노동 법규 덕분에 서구 사회에서 어린아이들이 노동 착취를 당하는 일이 없어졌다. 하지만 우리 사회는 지금 노동 착취에 버금가는 방법으로 아이들을 노예로 전락시키고 있다. 아이들을 소비자로 간주하여 그들을 물질의 노예가 되게 한 것이다. 어른들의 주머니를 털어 돈을 버는 것만으로 성이 차지 않은 광고주들이 가장 수익성이 좋은 시장을 하나 찾아냈다. 바로 아이들이다. 유혹에 쉽게 넘어가는 어린이와 십 대를 꼬드겨 마음 약한 부모의 코뚜레를 꿰어 지갑을 열게 하는 식이다.

아직 말문이 열리지도 않은 어린아이들에게까지 눈독을 들이는 기업의 행태는 사실 아동 학대나 다름없다. 관련 연구에 따르면, 아이들은 여덟 살이 될 때까지 판매 권유와 그냥 하는 이야기를 구분할 줄 모른다.[1] 광고는 부모와 자식을 갈라놓는다. 부모가 문지기와 보호자 역할을 하기도 전에 아이들에게 달려든다. 부모가 하는 일은 고작 뒷수습을 하거나 아이들이 확실한 출처를 통해 들은 내용을 잊어버리게 애쓰는 정도다. "지금 당장 사라"는 주술에 이의를 제기하는 부모는 아이들로부터 쩨쩨하고 이해심이 없다는 비난을 받기 일쑤다. "다른 애들도 다 갖고 있어요." "다들 하는데 왜요?"라는 말을 얼마나 자주 듣는지 모른다.

마케터들은 자신을 바른 길로 안내하는 사람에게 반항하기 마련인 아이들의 본성을 악용하고 부모를 폄하하는 수단을 수없이 많이 가지고 있다. 이런 상황에서 아이들은 누구의 권위를 받아들여야 할지 몰라 헷갈린다. 기업이 여러분의 자녀에게 어떤 친구를 사귀고 어떤 옷을 입고 어떤 말을 하고 어떤 생각을 하라고 일러주는 것이 과연 타당한 걸까?

불행히도 학교 역시 기업의 대리자로 전락하고 말았다. 대기업이 전국 학교에 제공하는 컴퓨터와 온라인 교재, 운동 장비, 자동판매기는 기업의 포로가 될 때까지 아이들을 마음껏 공략해도 좋다는 독점 계약에 서명하라고 던지는 미끼에 불과하다.

지구상의 수많은 아이들이 지독한 빈곤 속에서 살지만, 서유럽과 미국 같은 선진국의 아이들은 필요 이상의 것을 누리고 산다.

'버릇없는 아이'로 불릴 수밖에 없는 세대를 기르고 있는 셈이다. 그렇다고 늘 하는 상업 광고만 탓하지는 마라. 이 문제의 뿌리는 그보다 훨씬 더 깊다.

버릇없는 아이들 뒤에는 버릇없는 부모가 있다. 자기 방식만을 고집하고 순간의 만족이 행복을 안겨준다고 착각하며 사는 부모들이다. 아이들이 버릇이 없어지는 것은 음식과 장난감, 옷, 그밖의 것을 분에 넘치게 제공받기 때문만이 아니다. 부모가 아이의 변덕을 일일이 들어주기 때문이기도 하다. 아이들과 입씨름할 기운이 없어서 아이가 무엇을 요구하든 그대로 들어주는 어머니가 이 세상에 얼마나 많은지 모른다.

아이가 하고 싶다는 대로 다 맞추어주는 부모가 많다. 그러나 아이의 요구를 다 들어준다고 아이가 가정에서 사랑과 안정감을 느끼는 것은 아니다. 그 둘은 전혀 별개의 문제다. 안타깝게도 오늘날 많은 부모가 이 말이 무슨 뜻인지도 모른다. 눈코 뜰 새 없이 바쁜 탓에 아이들과 함께 보낼 시간이 없다. 자신이 하는 일이나 여가 활동에 지나치게 몰두한 나머지 하루 일과를 마치고 집에 돌아오면 아이들의 얼굴을 보고 무언가를 함께할 힘조차 없다. 한 방, 심지어 한 소파에 앉아 있어도 생각은 서로 다른 곳을 향하고 있다.

아이들의 이기심이 모두 미디어 탓이라고만 생각하면, 부모인 우리들 마음속에 있는 탐욕을 보지 못하고 지나치기 쉽다. 얼마나 많은 돈과 시간을 우리 자신을 위해 쓰는지 아이들이 지켜보고 있다. 아이들을 돕는 가장 좋은 방법은 부모 스스로 물질에 대한 집착을 버리고 아이들과 다른 사람들에게 관심을 갖는 것이다.

제프리 프로와 자코모 보노는 《감사할 줄 아는 아이로 키우기 *Making Grateful Kids*》라는 책에서 해결책을 제시한다.

> 아이가 바르게 행동하게 하고, 성적을 올려주고, 아이를 행복하게 만들고, 위험한 행동을 하지 않게 하는 놀라운 약이 나온다면, 많은 부모가 적금을 해지해서라도 당장 구입할 것이다. 놀랍게도 그런 약이 정말 있다. 이 약은 식약청의 규제를 받지 않고 부작용도 없고 완전 공짜고 언제든 쉽게 구할 수 있다. 이 신비의 치료제는 바로 감사하는 마음이다.[2]

아이에게 선물을 하면 할수록 고맙다는 말을 듣기가 더 어려워지는 것이 좀 이상하지 않은가? 부모와 교사는 과유불급의 의미를 다시금 되새기고 아이들을 바른 길로 안내해야 한다. 물론 창의적인 방법이 필요하다. 내가 아는 어떤 아버지는 여섯 살짜리 아들에게 자기가 돈에 혈안이 된 기업의 꾐에 빠졌다고 말했다. 그러면서 방을 뒤져서 광고 때문에 산 물건을 모두 모으게 했다. 그 역시 아들에게 시킨 대로 자기 방에 들어가 똑같이 했다. 결국 아들에게는 침대와 의자, 책상만 남았고, 아버지에게는 빈

방과 아들과 함께할 충분한 시간만 남았다.

어떤 가족은 말이 끄는 마차를 타고 캘리포니아를 여행한다고 가정하고 필수품이 아닌 물건을 정리하기로 했다. 이렇게 부모와 자녀가 마음을 합하여 상업 광고에 대항하면 싸움은 이미 끝난 것이나 다름없다.

감사하는 마음을 북돋는 또 하나의 방법은 빈곤에 시달리는 사람과 아이들을 연결시키는 것이다. "아프리카 아이들은 지금도 굶주리고 있어"라고 얘기한다고 해서 아이가 자기 앞에 있는 음식에 감사하지는 않는다. 그런 말로 음식 투정하는 아이의 버릇을 고칠 수 있다고 믿는 건 어불성설이다. 대신 가족이나 학급 전체가 우간다에 사는 아이와 자매결연하거나 우간다에 있는 학교를 후원한다면 바로 효과가 나타난다. 세상의 어떤 아이들은 하루에 한 끼만 겨우 먹고, 갖은 애를 써야 기초 교육을 받을 수 있다는 현실을 실감하면, 아이는 깊은 인상을 받게 되고 평생 간직할 우정을 쌓게 된다.

이렇게 다른 사람과 연결하는 방법은 여러 가지가 있다. 어떤 가족은 "장난감 하나를 새로 사면, 하나는 다른 사람에게 준다"는 원칙을 세웠다. 새 장난감을 하나 사면 원래 있던 장난감 하나는 필요한 아이에게 주는 것이다. 장난감과 같은 물질적인 것이 아니어도 감사하는 태도를 가르칠 수 있다. 예를 들어 추수감사절에 급식소를 찾아 자원 봉사를 함께하면서 감사의 의미를 깨우칠 수 있다.

부모가 과감한 행동에 나서기를 두려워해서는 안 된다. 우리 사회에 만연한 '자기 자신만을 생각하는' 가치관에 맞서려면, 그에 걸맞은 과감한 결정이 필요하다. 지금 우리 사회는 자기중심의 가치관이 깊이 뿌리 내리고 있는 탓에 겨우 스위치 몇 개를 끄는 소극적인 행동으로는 세태를 바꾸지도 아이들을 도울 수도 없기 때문이다.

해티 갈릭이라는 영국의 한 어머니는 1년 동안 아이들 제품에 돈을 한 푼도 쓰지 않기로 결심하고 실행에 옮긴 지 6개월이 지난 뒤 이렇게 썼다.

돈을 많이 쓰는 습관 뒤에 자신감 결핍이 자리하고 있다는 사실을 깨닫기 시작했다. 남편과 내게는 집에서 차로 한 시간 거리에 사는 친척이 없었다. 조언이나 도움을 구할 친척이 없다 보니 겁도 나고 내가 무능한 사람 같고 혼자라는 생각도 들었다.

제품 판촉 직원들에게 나는 손쉬운 먹잇감이었다. 한번은 백화점에서 칭얼대며 몸부림치는 아이를 안고 진열대를 처다보는데, 색연필로 써놓은 홍보 문구가 눈에 들어왔다. "짜증내는 아이를 달래고 안정시키는 데 최고!" 내가 못하는 일을 해준다니 구미가 당겼다. … 엄마 노릇에 지치고 낙담하여 자기 연민에 빠져 있는 상태였다. 베토벤 소나타를 연주해주는 멜로디 모빌, 아기의 손짓과

몸짓을 이해하고 의사소통하는 법을 알려준다는 강좌, 공장에서 만든 이유식 등 좋은 부모가 되기 위해 필요하다는 것은 왜 그리도 많은지.

비싼 강좌와 오락이 판치는 세상에서 아이에게 막대기 하나만 쥐어주고 밖에서 놀게 하는 부모는 아이를 사랑하지도 않고 게으르기 짝이 없는 최악의 부모라고 생각하는 것 같다. 하지만 지난 몇 달간 깨달은 게 하나 있다. 사실 우리가 아이들과 함께 즐길 수 있는 대부분의 활동은 공짜라는 것이다. 요리하고, 정원을 가꾸고, 자연에서 먹거리를 찾고, 이웃과 함께 차를 마시며 '음악 수업'을 하는 것도 모두 공짜다. (우리는 각자 집에 있는 악기를 가져오거나 악기가 없으면 냄비나 프라이팬 같은 걸 가져와서 신나게 음악을 연주했다.)

아들 쟈니는 빈 소포 상자로 무언가를 만들면서 한참 즐거워했다. 새 장난감에는 아주 잠시 관심을 보였을 뿐이다. 밭에 채소도 기르고 연못에 올챙이도 키우는데, 쟈니는 이 모든 일에 아주 진지하게 임한다. 할아버지와 할머니가 집에 오시면 두 분 손을 잡고 밭에 나가 새와 나비를 보여주고 식물이 어떻게 자라는지 이야기하곤 한다.[3]

아이들은 물질의 혜택을 어른과 똑같은 방식으로 생각하지 않는다. 남미에서 보낸 유년 시절의 기억 중에 생각나는 것이 있다. 어느 날 누나들과 놀고 있는데, 어떤 손님이 우리더러 단순하게 사는 게 힘들지 않으냐고 물었다. 그를 쳐다보면서 나는 속으로 '그게 무슨 말이지?' 하고 한참 생각했다. '힘들지 않으냐고? 도대체 무슨 말을 하는 거지? 이보다 더 행복한 일이 어디에 있는데?' 그때 누린 행복이 어디에서 왔는지 지금은 이해할 수 있다. 부모님은 우리에게 물질적인 것 대신 매일 시간과 관심을 주셨다. 엄청나게 일정이 바쁜 날에도 아침 식사는 꼭 우리와 함께하려고 하셨다.

가족이 함께 밥을 먹거나 한자리에 모여 하루를 마무리한다는 생각은 이제 뒷전으로 밀려나버렸다. 그렇게 하고 싶어도 바쁜 일정과 기나긴 출퇴근 시간이 이를 불가능하게 한다. 이유야 어쨌든 피해를 보는 건 아이들이다. 그리고 그렇게 하지 못하는 이유가 정말 경제적인 이유 때문인지 나로서는 의문이다.

우리 부모님도 장시간 일하셨다. 하지만 하루를 마무리할 때는 잊지 않고 우리를 한자리에 불러 모으셨다. 아이들이 인생의 토대를 다지려면 가정에 단단히 닻을 내려야 한다는 개념을 우리 부모들이 다시 회복해야 한다. 물론 그러려면 부모의 희생이 필요하다. 그러나 정말로 그럴 만한 가치가 있는 일이다.

아프리카와 남미, 중동을 방문할 때마다 심각한 빈곤도 목격했지만, 가족과 어린이를 향한 위대한 헌신도 목격했다. 서구 사회에서 당연하게 여기는 물질적인 안락함을 찾아보기는 어려웠다. 유아 사망률이 높고, 물은 오염되었고, 식량은 빈약하고, 약품은 늘 부족하고, 아예 구할 수 없는 것도 허다하다. 장난감은 막대기와 빈 깡통이 전부고, 옷은 헤졌고, 아기를 누일 침대나 유모차는 턱없이 부족하다. 하지만 세계 다른 지역에서는 보지 못한 환한 미소와 가슴 따뜻한 포옹, 부모와 십 대 자녀, 노인과 어린아이들 사이에 오가는 깊은 애정을 그곳에서 맛보았다.

아이들을 제대로 돌보지도 못하는데 물질적인 필요에 지나치게 신경 쓰고 집을 화려하게 꾸미는 것이 무슨 소용이 있을까? 혹시 더 좋은 자동차를 사고 더 큰 집을 구입하는 것 말고는 인생의 다른 의미를 찾지 못해서 그렇게 사는 것은 아닐까?

오해하지 마라. 가난을 낭만으로 여기는 것은 아니다. 흔히 말하는 선진국에도 가난으로 고통받는 아이가 많다는 것도 잘 안다. 플로리다와 캘리포니아에 있는 이민자 마을과 뉴욕 시의 게토, 런던 동부 슬럼가에서 아이들이 고통받고 있다. 이루 다 헤아릴 수 없을 정도로 많은 지역의 아이들이 가장 기본적인 의식주조차 해결하지 못하고 있다. 우리가 당연하게 여기는 것조차 누리지 못하는 아이들이 허다하다. 빈곤은 방치와 학대를 낳는다. 나는 이 아이들을 위해 매일 기도한다. 빈곤 지역 아이들의 고통은 물질 과잉으로 숨 막혀 하는 우리 사회에 대한 심판이나 다름없다. 아이들의 건강과 안녕은 얼마나 많은 물질과 부를 누리느냐에 달린 것이 아니라 자기가 얼마나 사랑받는 아이인 줄 알고 있는가 여부에 달려 있다.

마더 테레사는 언젠가 북미를 방문하고 그렇게 물질이 남아도는 곳은 이제껏 본 적이 없다고 말했다. 그리고 이렇게 덧붙였다. "그렇게 영혼이 빈곤하고 외로움과 박탈감이 넘치는 곳도 본 적이 없습니다. … 오늘날 세계에서 가장 무서운 질병은 결핵이나 나병이 아니라… 사랑의 결핍에서 비롯된 빈곤입니다."

아이를 사랑한다는 것은 무엇을 의미하는가? 일 때문에 며칠혹은 몇 주씩 집을 비우는 많은 부모가 미안한 마음에 선물을 들고 온다. 물론 좋은 의도로 하는 일이다. 하지만 그러면서 부모는 아이들에게 정말 필요한 것이 부모와 함께 시간을 보내고 보살핌을 받는 것임을, 아이의 말에 귀를 기울이고 용기를 북돋아주는 것임을 잊고 만다.

아이를 기르려면 물질 이상의 것이 필요하다는 것을 모르는 부모는 없다. 부모들에게 물으면 누구 하나 예외 없이 아이들과 더 많은 시간을 보내야 한다고 대답할 것이다. 아이들에게 시간을 투자하는 것이 통장에 돈을 예금하는 것보다 훨씬 더 중요하다고 나의 아버지는 자주 말씀하셨다.

물론 요즘 같은 세상에 돈이나 물건 없이 사는 건 불가능하다. 어느 집안이나 가족을 부양할 사람이 필요하고 미래를 위한 계획도 필요하다. 하지만 아이들에게 평생 남는 것은 물질이 아니라 부모가 주는 사랑이다. 이 사실을 모르는 사람은 없다. 하지만 잘 알면서도 더 많은 봉급과 더 나은 직장이라는 미끼에 걸려 쉽게 잊어버리고 산다.

나의 친한 친구 데일은 세계 최대 규모의 법률 회사에서 일했다. 많이 벌 때는 보통 사람이 평생 버는 돈보다 많은 액수를 1년에 벌어들인 적도 있다. 하지만 그가 벌어들인 수입과 그가 쌓아올린 명성이 가족에게는 별 의미가 없었다. 벌어들인 돈을 가족과 함께 즐길 겨를이 없을 정도로 바빴기 때문이다. 아내와 아이들에게는 어떤 변명도 통하지 않았다. 그래서 데일은 고집을 부리는 대신 가족의 의견에 따르기로 했다. 고심 끝에 할 수 있는 선택은 하나밖에 없다고 결론을 내렸다. 회사를 그만두는 거였다.

보이스카우트 유년부 모임을 마치고 동료와 함께 차를 타고 집에 돌아오는 길이었어요. 승합차 뒷좌석에서 사내아이들이 웃고 떠드는 사이 동료가 목을 가다듬더니 어렵게 말을 꺼내더군요. "데일, 회사를 떠나기로 한 건 정말 큰 실수일세. 알고 있나?" 6개월 뒤에 회사를 그만두겠다고 통보한 일을 두고 하는 말이었어요. "하고 싶은 대로 다 하고 사는 사람이 어디 있나. 아이가 다섯이나 되면서. 아이들에게 누구보다 좋은 기회를 만들어주고 최고로 좋은 대학에 보내는 건 자네 책임일세. 그 책임을 회피하면 어떻게 해?"

묵묵히 듣다가 이렇게 대답했습니다. "내 생각이 아니야. 난 근무 시간을 주당 20시간 이하로 줄이는 건 생각도 안 해봤어. 그런데 아이들이 나더러 그만두라고 하소연을 하잖아."

정말이에요. 지난 2년 동안 저는 변호사로 주당 20시간씩 일했고, 또 20시간은 에이즈와 암으로 죽어가는 사람들을 돌보며 나름 균형을 맞춰왔습니다. 비행기를 자가용처럼 타고 다니며 세계 곳곳에 은행 계좌를 개설하고 일주일에 80시간에서 90시간을 일하던 때와 비교하면 아주 극적인 변화였지요. 그런데 이라크 전쟁이 터지면서 업무량이 폭발적으로 늘어났어요. 어쩔 수 없이 다시 옛날처럼 빡빡한 일정으로 돌아가야 했죠.

그렇게 바뀐 지 6주 만에 딸아이가 학교에서 사라져버렸습니다. 어느 날 오후 아이를 데리러 갔는데 나타나지 않았어요. 두 시간 넘게 찾다가 경찰에 신고했죠. 나중에 혼자 길을 걸으며 울고 있는 딸아이를 아이의 친구가 발견했어요. 딸의 설명은 간단했어요. "아빠, 아빠가 아예 집에 들어오지 않았을 때는 차라리 괜찮았어. 그런데 이미 나는 아빠랑 함께 있는 데 익숙해진 것 같아. 더는 못 참겠어. 변호사 일 그만둬."

처음에는 큰딸을 시켜서 설득하려고 했는데 통하지 않았어요. 둘이 생각이 같았으니까요. 그래서 제가 아이들에게 생각해보라고 종이에 목록을 정리했어요. 내가 변호사 일을 그만두면 경제적으로 얼마나 타격이 큰지를 보여주려고요. 의류비, 차량 유지비, 연료비, 보험료, 졸업앨범 비용, 학교 무도회 비용, 대학 입학금, 여행 경비 등등. 그런데 아이들은 그런 걸 중요하게 생각하지 않았어요. 아이들이 원한 건 저였습니다.

신호가 빨간색으로 바뀌자 동료가 차를 세우더니 참을 수 없다는 듯이 쏘아댔습니다. "이것 봐, 자네는 책임을 회피하고 있는 거야!" 대답을 하기 전에 잠시 뜸을 들였습니다. 빨리 매듭을 지어버리기엔 정말로 중요한 말이니까요. 앞에 있는 나무들을 쳐다보았습니다. 일렬로 서 있기를 거부하는 나무들, 통제당하길 거부하는 나무들, 잘려나가 제재소에서 가공당하길 거부하는 나무들을.

동료에게 저는 부드럽게 말했습니다. "아니. 난 그렇게 생각하지 않네. 그리고 사실은 자네도 내심 내 말에 동감한다는 걸 아네."

Chapter 6
어른의 위선이라는 장애물

아이들이 말을 안 듣는 걸 걱정하지 말고,
아이들이 늘 당신을 지켜보고 있다는 사실을 걱정하라.

| 로버트 풀검 |

아이에게 무엇이 좋고 무엇이 나쁜지 부모들은 잘 안다. 그런데 불행히도 우리가 아이에게 바라는 것과 기대에 맞춰 행동하게 하는 것 사이에 큰 강이 흐르고 있다. 그리고 그 강을 건너는 데 필요한 다리가 없는 가정이 많다.

어린이와 십 대 청소년이 다소 우울하고 기괴한 분위기로 대변되는 고스 문화나 폭력단, 성관계나 약물에 빠지는 이유는 그것이 위험한 줄 몰라서가 아니다. 그 아이들도 부모와 교사에게 장래와 건강을 위해 무엇을 피해야 하는지 귀에 못이 박히도록 들었다. 그러나 아이들은 바보가 아니다. 부모가 정말 중요하게 생각하는 것이 성적뿐이라는 사실을 깨닫는 순간 아이는 반항을 시작한다.

십 대의 고뇌를 통과의례로 여기는 것이 사회의 통념이다. 어느 시대이건 사춘기 아이들은 부모의 권위에 도전했고 앞으로도 그럴 것이다. 하지만 반항이 생활방식이 되면 그때는 그냥 지나쳐서는 안 된다. 상황을 더 깊이 들여다봐야 할 순간이 찾아온 것이다. 오늘날 아이들이 그렇게 온 힘을 다해 반항하는 대상은 무엇이고 그 이유는 무엇일까?

나는 그 이유가 위선 때문이라고 생각한다. 조금 심하게 들릴 수도 있다. 아이를 기르는 부모에게 어떤 때는 이렇게 행동하고, 또 어떤 때는 정반대로 행동을 한다고 말하면 너무 잔인하게 들릴지도 모른다. 하지만 듣기 불편해도 이런 일이 실제로 일어나고 있고, 그것도 아주 자주 일어나고 있다. 총기 난사 사건이 있고 나서 왜 이런 일이 일어났다고 생각하느냐고 묻자 텍사스 A&M 대학교에 다니는 한 학생이 터트린 울분은 우리의 현주소를 잘 보여준다.

들어보세요. 이건 저만의 생각이 아닙니다. 바르게 성장하고 이 세상을 이해하려고 몸부림치는 우리 세대 전체가 하는 질문입니다.

"죽음이 두 사람을 갈라놓을 때까지…"라고 맹세해놓고 왜 대다수 어른들은 그 서약을 지키지 않는 거죠?

"장기적으로 보면 이혼하는 편이 아이들에게도 좋다"고 믿으면서 자신을 속이는 행동을 왜 하는 거죠?

우리가 폭력 영화를 보게 그냥 놔두면서 어떻게 계속 순진한 아이로 자라길 바라는 거죠?

인터넷을 무한정 쓰게 놔두면서 우리가 폭탄 만드는 법을 안다는 사실에는 왜 놀라는 거죠?

왜 딱 잘라서 "안 돼"라고 말하는 걸 두려워하죠?

어른들 입맛에 맞게 우리 세대를 아무렇게나 규정하세요. 그리고 우리가 어떤 범주에도 들지 않는다고 해서 놀라지도 마세요. 이제 심은 대로 거둘 시간이 온 거예요.[1]

비난에 찬 말이기는 해도 귀 담아 들을 가치가 있는 말이다. 몇 마디 말로 답할 수 없는 복잡한 질문이지만, 문제의 본질을 건드리고 있음을 인정할 수밖에 없다. 또한 이 학생의 말은 많은 젊은 이가 어른들을 사기꾼으로 보는 현실을 그대로 드러낸다.

이런 위선은 아이가 어렸을 때 미묘한 모습으로 고개를 든다. 아이가 학교에서 어떤 말을 듣고 집에 왔는데 집에서는 전혀 다른 이야기를 듣게 될 때, 아버지가 하는 말이 어머니가 하는 말과 다를 때, 어떤 선생님이 세운 지침을 다른 선생님이 아무렇지도 않게 깨뜨릴 때, 아이는 혼란스러워한다. 어른들이 아무렇지 않게 일관성을 깰 때도 아이는 위선을 경험한다. 아이에게 어떤 교훈이나 규칙을 가르치고 정작 부모는 그 규칙을 깨면서 예외를 만들고 변명할 때 또한 그렇다. 이 모든 것이 그 자체로 해로운 건 아니다.

진짜 문제는(사실 이 문제는 생각보다 널리 퍼져 있다) 부모가 아이들에게 "내가 하는 행동을 보지 말고 그냥 내가 시키는 대로 하면 돼"라고 말할 때 일어난다. 이런저런 상황에서 반쯤은 농담으로 이런 말을 내뱉을 때, 아이들은 옳고 그름은 흑백처럼 확실하게 구분되는 것이 아니라고 배운다. 운이 나쁘게 좋지 않은 시기에 선택을 잘못한 것일 뿐 항상 옳은 일도 없고 항상 그릇된 일도 없다고 생각한다. 그래서 실제로 그런 일이 생기면, 판단 착오로 벌을 받는 것으로 간주하고 처벌이 부당하다고 여긴다.

한 사람의 아버지로서 나 역시 일관성을 유지하는 게 얼마나 어려운지 잘 안다. 나 또한 뜻하지 않게, 너무나 쉽게 아이들에게 혼란을 주곤 했다. 40년간 십 대 아이들을 상담하면서 어른들이 전하는 혼란스러운 메시지와 일관성 없는 한계에 민감하게 반응하고 부모의 위선에 반항하는 아이들을 자주 보았다. 또한 아이와의 싸움이 아무리 힘에 겨워도 우리 어른의 기대치가 모호했고 공정하지 못했다고 겸손하게 인정할 때 아이들이 얼마나 빨리 반응하고 용서하는지도 보았다.

나의 할아버지 에버하르트 아놀드는 아이들을 바로미터(지표)라고 불렀다. 아이들은 부모의 행동과 태도, 개성과 성격을 거울처럼 비춘다는 뜻이다. 아이들은 지금 이 순간 자기가 받는 영향과 압력을 긍정적이든 부정적이든 또렷하게 기록한다. 부모가 행복감과 안정감을 누리고 관대하고 낙천적인 태도를 보이면, 아이들에게도 똑같이 드러난다. 부정적인 감정도 마찬가지다. 부모에게서 분노와 두려움, 불안과 과민반응을 감지하는 순간, 특히 그 대상이 자신임을 포착한 순간 아이들도 똑같은 감정을 발산한다.

도스토옙스키의 소설《까라마조프 씨네 형제들Bratya Karama-

zovy》에 등장하는 조시마 장로는 아이들이 이렇게 민감하기 때문에 우리도 모르는 사이에 아이들의 인격 형성에 큰 영향을 끼친다고 일러준다. 또한 우리가 아이들 앞에서 하는 모든 말, 특히 모든 행동이 끼치는 영향을 깊이 생각해야 한다고 충고한다.

매일 매시간 그리고 매순간마다 자기 주변을 거닐면서 당신의 모습이 훌륭한지를 살피도록 하십시오. 당신은 어린애 곁을 지날 때 상스러운 욕을 내뱉으며 자기 성미를 참지 못하는 나쁜 사람의 모습으로 지나치기도 합니다. 아마도 당신은 그냥 지나칠 수 있겠지만, 그 아이는 당신을 눈여겨보고 당신의 추하고 더러운 모습을 아무 방비도 없는 자신의 가슴속에 남겨둘지 모릅니다. 당신은 그걸 알지도 못하겠지만, 그로 인해 아이의 마음속에는 추악한 씨앗이 뿌려지게 되며 그것은 점차 자라나게 됩니다. 이 모든 것은 당신이 아이들 앞에서 주의를 게을리한 탓이고, 조심스럽고 활동적인 사랑을 가슴속에 키우지 않은 탓입니다.[2]

도스토옙스키가 살던 때와 달리 요즘 아이들은 관심을 보이는 주변 어른들보다 더 큰 영향을 끼치는 이미지와 표현에 그대로 노출되어 있다. 부모의 갖은 노력을 물거품으로 만드는 문화의 영향력 아래서 아이를 제대로 키우기란 쉽지 않다. 온갖 노력에도 불구하고 우리 대부분은 마땅히 보여야 할 본을 보이지 못하고 있다.

폭력에 대해 생각해보자. 모두가 신경 쓰는 문제이고 폭력이 아이들에게 나쁘다는 주장에 반대할 사람은 없다. 하지만 그 생각을 행동으로 옮기는 사람은 얼마나 될까? 의회에서부터 사회 곳곳에 이르기까지 행동하는 사람을 찾아보기 어렵다. 정치인들은 총기 규제 이야기만 나오면 언성을 높인다. 하지만 정작 결정적인 행동을 취하는 사람이 있었던가? 그러는 사이 교내 총기 난사 사건이 줄을 잇고 그걸 흉내 내는 아이들도 늘어간다.

교내 총기 난사 사건의 희생자 가족과 대화할 기회가 몇 번 있었다. 그들에게 필요한 건 아픔과 혼란 속에서 울부짖고 마음을 털어놓는 기회이지 사건에 대한 분석이나 충고가 아니었다. 얘기를 나누다 보면 결국 대화는 학교 폭력의 뿌리로 향하곤 했다. 바버라 킹솔버는 폭력을 대하는 우리의 태도에 모순이 있다고 말했다.

도무지 이해하지 못하겠다는 식으로 이 끔찍한 비극을 시시한 일로 만들지 않았으면 합니다. "말도 안 돼"라고 하면 "이유가 없다"라는 말로 들리고, 그러면 어떠한 행동도 필요 없는 것 같잖아요. 절망에 부들부들 떨다가 시간이 적당히 흐르면 아무 일 없었다는 듯 다시 일상으로 돌아가기를 반복하죠. 용기를 내서 책임을 인정하는 순간 모든 게 말이 되기 시작합니다.

아이들은 어른의 행동을 보고 자기가 이해한 대로 따라 합니다. 우리 아이들은 대통령부터 영화배우까지 가장 중요하고 영향력 있는 사람들이 사람을 죽여서 문제를 해결하는 나라에서 자라고 있습니다. 그러니 감탄하고 배울 대상에 목말라 있는 사내아이들이 총과 폭탄에 손을 뻗게 되는 건 불 보듯 뻔한 일 아닌가요? 그런 일이 중산층이 사는 지역에서 더 많이 일어나는 건 놀랄 일도 아닙니다. 가정이 모여 있는 바로 그 주택가에서 제도적인 폭력이 자라고 있습니다. 당신 집 안에 있는 무기 창고를 점검하지 않고 이웃집에서 트는 폭력적인 랩을 탓하지 마세요. 이 비극은 이내 요란하고 떠들썩하게 세계 곳곳의 총격전을 찬양하는 문화로 자랍니다. 그리고 그 문화는 바로 우리 자신이에요.

나치와 해병대, 터미네이터는 서로 다른 이유 때문에 상대를 죽인다고 믿으시죠? 하지만 모든 부모가 아는 대로 아이들에게는 우리가 대는 핑계 너머에 있는 진실을 들여다보는 능력이 있습니다.

"살인은 처벌과 통제를 위한 고상한 수단이다." 아이들의 눈에는 이렇게 보입니다. 그걸 지지하지 않는 미국인은 이상한 사람 취급을 당하지요. 하지만 인정합시다. 미국인 대부분이 '우리의 생활 방식을 지키기 위해 피를 보는 것은 불가피하다'고 믿는 것이 우리의 현실임을 인정합시다. 때로는 불발탄의 위험을 감수하고 민간인이 희생당하고 무죄한 사람이 사형을 당하는 일이 있더라도 그렇게 할 수밖에 없다고 믿는 현실을 말입니다.

폭력을 용인하는 사회에서 고수하는 '우리의 생활방식'이라는 게 고작 이런 겁니다. 우리는 아이들에게 나쁜 사람들은 죽어 마땅하다고 수천 가지 이유를 들어 가르치고 있습니다. 때로는 국기를 흔들어 애국심을 자극하고 때로는 사람들의 웃음소리를 동원해서….'

이처럼 폭력을 대하는 우리의 태도는 사회적·정치적 현상이 아니라 바로 우리의 거실에서 자라고 있는 엄연한 현실이다. 아이들은 텔레비전과 컴퓨터 화면을 통해, 혹은 보호자 역할을 해야 할 사람의 손에서 폭력을 경험한다. 하지만 문제는 폭력만이 아니다. 부모의 말과 행동이 따로 노는 한 아이들에게 선악에 대해 교육하는 것은 헛수고로 끝나고 만다. 심리학자 카를 융의 말대로 "아이들 안에 변화가 일어나길 바란다면, 먼저 우리 안에 바뀔 것이 있는지 없는지 보는" 게 순서다.

우리의 말과 행동이 따로 노는 근본 원인이 순전히 우리가 게을러서인 경우가 왕왕 있다. 말이 너무 심하다고, 나와는 상관없는 말이라고 항변할 사람도 있을 것이다. 하지만 자문해보아야 한다. 아이들 때문에 위기가 생길 때 귀찮아서 쉬운 길로 돌아가거나, 서둘러 벌을 준 다음에 같은 일이 다시 일어날 때까지 잊고 사는 건 아닌가?

물론 부모들은 정말로 바쁘고 지쳐 있고 피곤하다. 하지만 아이들은 이런 반사적인 반응이 정직하지 못하다는 것을 금세 알아챈다. 자녀들이 부모의 한계를 시험하는 것은 사실 자기들이 기댈 안정적인 버팀목을 찾으려는 시도다. 고통을 최소한으로 줄여서 문제를 해결하려는 성향은 사람들이 지니고 있는 일반적인 특성이지만, 건강한 육아법은 절대 아니다.

육아를 '문제'로 인식하는 것은 좋지 못한 태도다. 사실 이 세상에서 아이를 기르는 것은 특권이다. 그런데 이런 책임을 긍정적으로 받아들이는 부모가 점점 줄고 있다. 그 결과 아비됨은 자연스러운 의무가 아니라 정부가 강요해야 하는 의무로 전락했고, 어미됨을 공격하는 사람들은 여성에게 지나친 희생을 강요한다고 말한다. 그리고 아이를 사랑하는 일을 특별한 훈련이 필요한 기술로 여긴다.

육아 잡지부터 베스트셀러에 이르기까지 모두가 한결같이 외치는 지혜는 이렇다. "아이들이 귀여운 건 맞지만, 아이를 기르는 일은 힘들기만 하고 보상은 못 받는 일이다." 육아 잡지에서 늘 부부가 촛불을 켜놓고 낭만적인 식사를 즐기거나 홀로 주말 휴가를 떠나는 광고를 싣는 이유도 여기에서 찾을 수 있다. 단, 그런 계획에 아이들은 어디에 껴야 하는지 묻는 것은 금물이다. 슬프게도 아이들의 자리는 없다. 결혼 생활에서 가장 행복한 순간 중에 하나는 커가는 아이들과 함께 보내는 순간임을 모르지 않을 텐데 말이다. 씨름과 희생, 고통의 시간이 성장의 일부인 것도 우리는 잘 안다. 행복한 기억은 말 그대로 행복이다. 하지만 진정으로 관계를 깊어지게 하는 것은 힘든 순간이 아닐까?

왜 우리는 아이를 키우며 겪는 힘든 일들이 실제로 우리를 성장시킨다는 사실에 눈을 감고 피하려고만 할까? 우리 교회의 교인인 클레어는 이렇게 말한다.

아마도 우리 세대가 아직 성장하지 않기 때문은 아닐까요? 여전히 우리는 완벽한 배우자나 멋진 자동차 같은 행복을 좇고 있잖아요. 희생하고 남들은 알아주지 않아도 이기심 없이 나누는 법은 전혀 모르면서요. 그런 걸 배운 적이나 있는지 모르겠어요.

때로 우리는 문제를 정면으로 마주보기에는 너무나 지쳤다는 핑계를 대며 에둘러간다. 어떨 때는 마음이 찔려서 주저하기도 한다. "나도 같은 실수를 했는데 뭣 하러 아이들을 힘들게 해?" "내 인생과 인간관계도 어두컴컴한데 어떻게 분명한 충고를 할 수 있겠어?" 이런 식이다. 그런 생각을 한다고 당장 무슨 일이 일어나는 건 아니지만, 결국 뒤에 가서는 대가를 치르고 만다. 내 친구 비가 내게 가슴 아픈 이야기를 들려주었다.

케이트라는 친구가 있는데, 고등학교 때 세 번이나 자살을 시도했어요. 그때마다 가족들은 케이트를 응급실로 데려가 위장 청소를 하고 이내 학교로 돌려보냈죠. 하지만 그건 케이트에게 도움이 되지 않았어요. 케이트의 부모님은 몇 년 전에 이혼하고 각자 재혼했는데 누구도 케이트를 원하지 않았어요. 케이트는 불행했던 과거를 생각나게 하는 존재니까요. 부모님은 각자 자기 인생을 살고 싶어 했어요. 거기에 케이트가 낄 자리는 없었죠.

오늘날 얼마나 많은 아이가 자신을 낳은 부모의 삶에 끼지 못한 채 살고 있는가? 솔직히 부모 자신의 행복과 성공 욕구를 아이들보다 중요하게 여길 때가 얼마나 많은가?

선의를 지닌 부모들마저도 아이들을 쉽게 혼란에 빠뜨리는 영역이 바로 성性이다. 위선적인 태도를 보이거나 혼란스러운 메시지를 전하기 때문이다. 폭력과 마찬가지로 성은 부모들이 가장 걱정하는 것 중에 하나이고 가장 많이 말하는 주제이기도 하다. 하지만 자녀에게 언제, 어떻게, 뭐라고 말할지 걱정하면서도 정작 중요한 것은 잊고 산다. 바로 행동의 힘이다. 우리 어른이 스스로 확신하는 대로 살지 않는 한, 아이들에게 바라는 그대로 우리 자신에게도 요구하지 않는 한, 아이의 고결한 삶을 지키는 일은 백퍼센트 실패하고 만다.

어른들은 오늘날 가족 구조에 포함시키는 다양한 형태의 가정에서 맺는 관계에 만족할지도 모른다. 하지만 신실하고 안정적인 결혼 관계를 직접 경험한 적이 없는 부모는 헌신적인 결혼 생활을 유지할 기반이 없고, 이랬다저랬다 하는 어른들의 선택이 아이들에게 얼마나 큰 영향을 끼치는지도 이해하지 못한다.

통계적으로 별거나 이혼으로 끝나는 결혼이 흔해진 건 오래전 일이다. 하지만 이혼은 법적인 문제로만 끝나는 것이 아니다. 겉으로 보이는 것보다 더 심각한 결과를 낳는다. 그러므로 아무리 이혼이 불가피해 보일 때라도 이혼 때문에 평생 깊은 상처를 안고 살아갈 아이의 눈으로 상황을 천천히 짚어보아야 한다.

맞다. 이혼한 부부를 비난만 하는 것은 가혹한 일이다. 어렸을 때 아빠가 집을 나간 나의 영국인 친구 앤은 이렇게 말한다. "위기에 빠진 어른들은 절박한 나머지 이혼을 선택하지요." 앤은 이혼으로 가장 큰 피해를 입는 건 아이들이지만, 어른들 역시 그 대가를 치른다고 말한다. 그리고 이혼이 주는 고통이 이야기의 끝이 아니라고 말한다.

저는 아주 훌륭한 어머니를 뒀어요. 어머니는 이혼을 선택한 뒤에도(이혼을 유일한 길로 보셨지요) 여전히 제게 신의를 지키셨어요. 자신의 즐거움을 희생하고 저를 뒷바라지하기 위해 종일 일하셨어요. 엄마의 변함없는 모습이 제게 버틸 힘을 주었어요. 어머니 인생에서 최고의 날들을, 그것도 꼬박 21년을 제게 고스란히 주신 겁니다.

맞아요. 이혼은 어김없이 남편과 아내 모두에게 상처를 줍니다. 물론 훨씬 큰 상처를 입는 쪽은 아이들입니다. 하지만 겪어봐서 압니다. 어머니가 자신의 어려움보다 나의 필요를 먼저 채우기로 마음먹은 덕분에 제가 살았다는 것을요. 회복할 수 있는 기회를 제게 주었다는 것을요. 저는 여전히 좋아지고 있는 중입니다. 언젠가 완전한 치유와 회복이 이뤄질 것을 압니다.

어른의 위선이라는 장애물을 극복할 능력이 아이들에게 없다면, 부모 역할은 정말로 처량하기 짝이 없는 고난이 되고 말 것이다. 앤의 이야기는 실패를 경험한 부모들이 과거의 실패에 절망하고 싶은 유혹을 느끼더라도 여전히 희망을 품을 권리가 있음을 보여준다.

부모의 실수에 관한 질문에 답하며 말콤 엑스는 그래도 희망을 잃지 않을 이유가 있다고 썼다.

아이들은 우리 어른이 배워야 할 교훈을 가르친다. "실패를 두려워 마라. 두려워 말고 일어나 다시 시도하라." 어른들은 대부분 너무 두려워하고, 너무 조심스러워하고, 너무 안전을 추구하다 보니 움츠러들고 완고해졌다. … 수많은 사람이 실패하는 이유가 여기에 있다. 중년 어른의 십중팔구는 이미 실패에 순응해버리고 말았다.[*]

정직과 행동을 촉구하는 나의 호소는 주로 부모들을 향한 것이지만, 아이가 학교 버스에 올라타는 순간 문제가 끝나는 것은 아니다. 사실 많은 교사가 경험한 대로 안정적이든 불안정하든 가정생활은 아이의 행동과 교실 분위기에 그대로 투영된다. 그때 아이들의 분노와 반항의 여파가 교사들에게 미치더라도 잊지 말아야 할 것이 있다. 교사는 표적이 아니라 공격을 대신 받는 피뢰침이라는 사실이다. 손을 쓸 수 없는 가정환경 때문에 인내심을 잃어버린 아이들을 사랑하려면 엄청난 인내심이 필요하다.

샌디 밀러는 많은 아이의 삶을 바꿔놓은 교육자다. 샌디와 나는 거의 30년 동안 함께 일했다. 겸손하고 부드러운 음성을 지닌 샌디는 문제아로 간주되고 성적이 좋지 않은 아이들의 다정한 벗이었다. 늘 부모와 교사 곁에서 아이들을 도울 새로운 방법을 찾아냈다. 때로는 신념 때문에 욕을 먹기도 했지만, 샌디는 자신의 일을 단순한 직업이 아니라 소명으로 여겼다. 다루기 힘든 아이들과 씨름하는 동료 교사들을 어떤 식으로 도왔느냐고 묻자 샌디는 이렇게 대답했다.

교사들에게 아이들을 대할 때는 정신적 외상을 입은 아이를 대하듯 하라고 말합니다. 아이들에게 무슨 일이 일어난 거라고요. 이 아이들이 어떤 가정에서 자라고 있는지 생각해보고, 아이들이 살면서 경험한 일 중에 어떤 일이 분명 정신적 외상을 남겼다는 걸 잊지 말라고 당부합니다. 그 아이들은 잔인함, 범죄, 매질, 때로는 죽음을 경험했을 것이고, 그런 경험이 남긴 정신적 외상을 어쩔 줄 몰라 하는 거라고요. 이 아이들은 정말 우리의 관심이 필요한 아이들입니다. 사실은 도와달라고 소리치고 있는 겁니다. 자기가 느끼고 걱정하는 걸 말로 표현하지 못하기 때문에 그렇게 행동하는 겁니다. 사실 그 아이들은 잘 조직된 안전한 환경이 두려운 거예요. 전에 경험한 적이 없으니까요. 함께 일하는 교사들에게 저는 애원합니다. "앞에 있는 아이를 먼저 알아가세요. 바로 가르치려 들지 마세요. 먼저 아이의 배경을 이해하고 무슨 짐을 지고 학교에 오는지 알아보세요. 무엇 때문에 아파하는지 이해하고 상처를 어루만지고 도우세요. 선생님이 아니면 그 일을 누가 하겠습니까?"

가슴을 찌르는 말이다. "우리가 아이들을 돕지 않으면 누가 돕겠는가?" 신학자 래비 재커라이어스는 이렇게 말한다.

우리의 목소리가 들리지 않으면 아이들은 다른 이의 목소리라도 들으려 합니다. 이 사실을 명심해야 합니다. 오늘날 사람의 마음과 영혼을 질주하는 다차선 고속도로를 일일이 거스르는 건 여간 힘든 일이 아닙니다. 그 길들은 상처 입기 쉬운 아이들의 상상력을 침범하고 정신을 더럽히기 때문입니다. 어린아이일수록 잘못된 생각에 빠지기 쉽고 그만큼 구조 작업도 힘이 듭니다. 아이들이 열여섯이나 열일곱이 될 때까지 기다리지 말고 어릴 때부터 끝까지 문제를 해결하도록 가르치세요. 비판적 사고는 우리가 줄 수 있는 가장 좋은 선물입니다. 비난하는 법을 가르치라는 게 아니라, 어떻게 진실을 가늠할 수 있는지 사고하는 능력을 길러주라는 말입니다.[5]

이것이 핵심이다. 상대주의 시대라는 우리 시대에도 진실은 존재한다. 먼저 우리 마음속 분열을 솔직히 인정하고 문제를 직시하지 못하게 막는 우리의 무관심을 인정해야 한다. 그런 다음에는 우리의 말과 행동이 우리의 이상과 어긋나지 않게 해야 한다. 그 때문에 진땀을 빼야 하더라도 당황할 필요 없다. 아이들이 우리가 분투하는 모습을 지켜본다면, 결국 그 결과도 보게 될 테니 말이다. 물론 아무리 노력해도 보상을 받지 못할 때도 있을 것이다. 하지만 우리 아이들이 시련에 대처하기 위해 일어서고 존경과 이해의 눈빛으로 우리를 다시 돌아볼 때 마침내 진정한 보상이 찾아올 것이다.

Chapter 7

진정한 훈육은
분노가 아닌
사랑에서

아이들을 키우기 전에 여섯 가지 교육 이론을 가지고 있었다.
아이 여섯을 둔 지금은 어떤 이론도 없다.

| 존 윌모트, 로체스터 백작 |

훈육이라는 단어는 아마도 교육과 육아 분야에서 가장 많이 오해받는 용어일 것이다. 사실 훈육은 통제나 억압, 강요와는 아무 상관이 없다. 사실 그런 것은 훈육과 정반대 지점에 있다. 그러면 진정한 훈육이란 무엇일까? 아이들이 그릇된 것을 분별하고 옳은 것을 선택하도록 안내하는 것이 아닐까? 때로는 잘못에 대해 책임을 지게 해야 할 때도 있지만, 그때에도 절대 가혹해서는 안 되고 체벌을 해서도 안 된다.

아이에게는 저마다 어른이 쳐주는 울타리가 필요하고 울타리 안으로 돌아가도록 계속 지도를 받아야 한다. 훈육은 가치 있는 일이고 훈육을 잘 받은 아이는 결국 성숙하고 믿을 수 있는 어른으로 자란다. 지난 수 세기 동안 훈육을 통해 과학계와 종교계 최고의 지성들이 세상에 나왔다. 이제 아이들을 바르게 안내하는 것은 우리 몫이다.

진정한 훈육은 사랑에서 나오는 행동이지 분노에서 나오는 행동이 아니다. 아이의 내면을 신중하게 살펴야 한다. 나의 할아버지 말씀대로 "아이를 기르는 일은 하나님의 생각대로 자라게 돕는 것을 의미한다."

부모님은 그렇게 우리 형제들을 기르셨고 그런 훈육을 받으며 자란 것을 나는 하나님께 감사드린다. 덕분에 부모님과 나는 상호 신뢰와 사랑의 관계를 맺을 수 있었고, 그 관계는 부모님이 돌아가실 때까지 깨지지 않고 이어졌다. 물론 부모님은 전통적인 훈육 방식을 고수하셨고 우리가 어머니에게 말대답이라도 할라치면 아버지는 어김없이 크게 질책하셨다.

우리 집에서 욕을 하거나 남을 비웃는 일은 절대 용납되지 않았다. 여느 아이들처럼 우리도 유별난 특성이 있는 사람을 놀리기 일쑤였다. 말 더듬는 이웃집 아저씨 니콜라스, 키가 하늘을 찌를 듯이 큰 학교 도서관 사서 군터 아저씨…. 그러나 본인이 없는 곳에서 키득거리는 것조차 부모님은 농담으로 받아들이지 않으셨다. 타인을 잔인하게 대하는 것을 절대 용납하지 않으셨다.

하지만 벌을 받아 마땅한 일을 저질렀을 때 되레 포옹을 받은 적도 있다. 한번은 내가 여덟 살이었을 때 아버지를 너무 화나게 했다. 내 엉덩이를 때리는 것 말고 다른 방법은 없다고 느끼실 만한 일이었다. 아버지의 손이 내려오길 기다리던 나는 엉겁결에 아버지를 올려다보며 이렇게 말했다. "아빠, 정말 죄송해요. 하고 싶은 대로 하세요. 하지만 여전히 절 사랑하시는 걸 알아요." 그러자 놀랍게도 아버지는 허리를 숙여 나를 안으시고는 가슴 깊은 곳에서 우러나오는 부드러운 목소리로 말씀하셨다. "크리스토프, 용서하마." 내 사과가 아버지를 무장 해제시킨 것이다.

이 일로 아버지가 나를 얼마나 사랑하는지 알게 되었다. 그래서인지 그날의 기억이 지금까지 생생하게 남아 있다. 훗날 내 아이들을 대할 때마다 다시금 되새길 교훈을 얻었다. "아이를 훈육하기를 두려워하지 마라. 하지만 아이가 미안해하는 걸 느끼는 순간 즉시 완전히 용서하는 걸 잊지 마라." 엄마나 아빠로부터 받는 용서의 포옹은 아이가 벌을 받아 마땅하다고 느끼는 순간에도 상황을 완전히 바꿀 수 있다. 잘못을 완전히 용서받았다는 느낌, 햇빛이 폭풍 구름 사이를 뚫고 비추는 것 같은 그 느낌은 유년기에 경험할 수 있는 가장 가치 있는 경험 중 하나다.

아이를 훈육할 때 서두르면 나중에 후회하기 쉽다. 훈육은 시간을 두고 충분히 생각할 가치가 있는 일이다. 너무나 많은 것이 걸려 있기 때문이다. 어떻게 하면 아이의 마음에 닿을 수 있을지, 그래서 아이가 잘못을 깨달을 수 있을지 스스로 가만히 물어보아야 한다. 만약 아이의 마음을 얻는다면, 그건 이미 이긴 싸움이나 다름없고 그 순간이 주는 보상은 실로 대단하다. 작가이자 가정 상담가인 도로시 로 놀트의 글은 이를 잘 표현해준다.

비난을 받으며 자란 아이는 트집 잡는 법을 배운다. 적의를 느끼며 산 아이는 싸우는 법을 배운다. 놀림을 받고 자란 아이는 창피해하는 법을 배운다. 수치심을 배우며 자란 아이들은 죄의식을 품고 살지만, 용기를 얻으며 자란 아이들을 자신감을 배운다. 관용을 받으며 자란 아이들은 인내심을 배운다. 칭찬을 받으면 감사하는 법을 배우고, 용납을 받으면 사랑하는 법을 배운다. 인정을 받고 자란 아이는 자신을 사랑할 줄 안다. 정직한 분위기에서 자란 아이는 신실함을 배우고, 안정 속에서 자란 아이는 자신과 남을 믿을 줄 안다. 다정함 속에서 자란 아이는 세상이 친근한 장소가 될 수 있다는 사실을 배운다.[1]

가정에서 아이를 어떻게 안내하고 훈육해야 하는지 충고하는 건 사실 망설여지는 일이다. 아이들은 부모와 마찬가지로 각자 독특한 장점과 단점, 가능성과 한계를 지니고 있기 때문이다. 대신에 야누슈 코르차크의 지혜를 새겨보는 것은 어떨까? 이 위대한 소아과 의사에 대해서는 뒤에서 더 소개하겠다.

여러분 자신이야말로 여러분이 알아가고 양육하고 깨우쳐야 할 바로 그 아이입니다. 다른 사람에게 답을 요구하는 것은 낯선 여자에게 당신의 아이를 낳아달라고 하는 것이나 다름없습니다. 직접 고통을 겪고 난 다음에야 얻을 수 있는 통찰이 있습니다. 이 통찰은 무엇보다 값십니다. 아직 드러나지 않은 당신의 일부를 아이 안에서 찾으십시오.[2]

아내와 나도 여덟 명의 아이를 기르면서 고통 속에서 통찰을 얻었다. 다른 부모들처럼 우리도 다시 기회가 생기면 그때는 정말 다를 거라고 말할 수 있을지 모르겠다. 공정치 못하게 아이가 일부러 나쁜 짓을 했다고 넘겨짚기도 했고, 눈가림을 하기도 했고, 어떤 날은 아주 관대했다가 어떤 날은 지나치게 엄격하게 굴기도 했다. 그러나 그럼에도 몇 가지 교훈을 얻었다.

두 살짜리 아이를 둔 부모라면 누구나 인정하듯 아이들이 한번 고집을 피우기 시작하면 정말 대단하다. 부모로서 일관성 있게 단호한 태도를 취하려고 하지만, 막무가내로 고집을 부리는 아이를 보면 울화가 치밀 때가 있다. 그럴 때는 차라리 대충 넘어가는 게 편할 수도 있다. 하지만 복종을 요구하는 대신 달래는 쪽을 선택하면 장기적으로 문제를 더 키우기 쉽다.

한 영국 장군은 고집 피우는 말을 길들이기 위해 같은 길을 끊임없이 맴돌게 했다. 결국 열아홉 번이나 같은 골목을 돈 다음에야 말이 고삐 쥔 손을 따르자 장군은 이렇게 말했다. "전투에서 이길 때까지 절대 포기해서는 안 된다." 그 과정에서 여러 번 좌절을 맛보았겠지만, 결정적으로 중요한 교훈을 얻은 셈이다.

끈기는 우리가 아이들에게 줄 수 있는 가장 큰 선물이다. 우리의 안내를 듣고 따르도록 도울 때, 만족스런 결과를 얻을 때까지 계속 시도할 때, 아이들은 우리에게서 우러나오는 끈기를 느끼게 마련이다. 이런 실질적인 방법으로 아이들이 의지력을 키우게 도울 수 있다. 그렇게 배우는 강한 의지는 오늘날 세상을 살아가는 데 꼭 필요한 기술이다. 이런 투지를 배우지 못한 십 대는 앞으로 나와 혼자 새로운 일을 시도해야 할 때 주춤거릴 가능성이 크다.

아이들을 기르면서 우리 부부는 어렸을 때부터 정직을 가르치는 것이 중요하다는 것도 배웠다. 아이가 잘못된 행동을 하고 양심의 가책을 느끼는데도 아무런 책임을 묻지 않으면, 아이는 '이렇게 모면해도 되는구나' 하고 생각한다. 아이가 이런 메시지를 받는 건 끔찍한 일이다. 아이들이 어릴 때는 문제가 커 보이지 않을 수 있고 저지르는 잘못도 작아 보일 수 있다. "아이들이 작으면 문제도 작고, 아이들이 크면 문제도 크다"라는 옛 속담이 가볍게 들릴지 모르지만, 실제로는 의미심장한 진실을 담고 있다. 여섯 살 때는 과자를 슬쩍하던 것이 열여섯 살이 되어서는 상점을 털거나 자칫 술을 악용하는 일로 커질 수 있다. 어린아이의 태도는 비교적 쉽게 지도할 수 있지만, 반항적인 십 대 아이의 고삐는 온 힘을 다해도 쉽게 놓치게 마련이다.

잘못을 책임지게 하는 것은 필요하다. 그러나 그것만으로는 충분하지 않다. 아이의 잘못을 잡아내서 벌을 주는 것이 훈육은 아니다. 선을 위해서 아이의 의지를 북돋고 양육하는 것이 훨씬 더 중요하다. 아이가 그릇된 것을 분별하고 옳은 것을 선택할 때마다 그 선택을 지지하는 것도 중요하다. 나의 어머니는 이것이 선을 위해 아이의 마음을 얻는 일이라고 확신하셨다. 이런 확신은 조종과는 아무 상관이 없다. 무조건 복종하는 아이로 만드는 게 양육의 목적이 될 수는 없다. 아이들이 확신을 갖고 인생을 탐험하게 돕되 자신의 한계도 알게 해야 한다. 그것이야말로 어른이 되기 위해 하는 최고의 준비가 아닐까?

작가 안토니 블룸은 한 인터뷰에서 유년 시절의 경험 중 가장 기억에 남는 것이 무어냐는 질문에 이렇게 대답했다.

아버지가 말씀하신 두 가지가 지금까지 가슴 깊은 곳에 남아 있습니다. 어느 휴일 다음날 제게 "난, 네 걱정을 했다"라고 말씀하시더군요. 그래서 "제가 무슨 사고라도 당했을까 걱정하셨어요?"라고 여쭈었더니 "그런 거였다면 걱정도 안 했을 게다. 네가 혹시라도 고결함을 잃지는 않을까 걱정했던 거지"라고 대답하시더군요. 또 한번은 이렇게 말씀하셨습니다. "사람이 살고 죽는 것은 크게 중요하지 않단다. 무엇을 위해 살고 무엇을 위해 죽을 각오를 하느냐가 중요하지." 이 두 말씀이 저를 키웠습니다.'

운 좋게도 블룸은 고결함을 말로 가르치는 대신 고결한 성품을 삶으로 보여주는 아버지를 뒀다. 때로 우리는 아이를 불신하고 아이의 행동에서 불순한 동기를 읽어내곤 한다. 그러나 그렇게 하면 아이가 자신을 스스로 의심하고 자신감을 잃을 수 있다. 쉴 새 없이 힐난하고 잘못을 바로잡는 것도 아이의 의욕을 꺾는 행위다. 최악의 경우 아이가 부모를 신뢰할 이유마저 잃어버릴지 모른다. 부모님은 날 이해하고 용서하고 다시 시작할 기회를 줄 거라는 그런 믿음 말이다.

아이가 정직하지 못한 행동을 할 때는 진상을 확인하고 아이 스스로 책임을 지게 하는 것이 아주 중요하다. 행동의 동기를 캐려 하고 무조건 털어놓으라고 다그치는 것은 도움이 되지 않는다. 당황하고 수치심을 느낀 아이는 진실의 반만 이야기하고 대충 얼버무리거나 부담감이 커지면 노골적으로 거짓말을 할 수도 있다. 사실 어른들도 그런 경우 똑같이 행동하지 않는가?

아이들의 행동을 규칙적으로 교정해줄 필요는 있다. 하지만 부모가 너무 강하게 반응하면 아이가 다시 시작하게 돕는 교정의 최종 목표가 퇴색하고 만다. 그럴 때는 차라리 아이의 말을 그대로 믿어주는 편이 낫다.

아이의 친구이자 동료가 되는 동시에 부모가 되려면 분명 갑절의 인내와 에너지가 필요하다. 하지만 아버지 역할을 하기 위해 직업을 포기한 전직 변호사 데일은 그런 일이 어떠한 만족을 주는지 직접 경험했다.

생각해보면 나를 사랑하는 아이들과 사는 것보다는 나를 무서워하는 아이들과 사는 게 쉽습니다. 아이들이 나를 무서워하면, 내가 집에 오는 순간 사라져버리니까요. 뿔뿔이 흩어지죠. 각자 자기 방에 들어가 방문을 걸어 잠급니다. 아이들 방에 컴퓨터나 음향기기, 그 밖의 물건을 잔뜩 사다 넣어주면 일은 더 쉬워집니다. 반대로 아이들이 나를 사랑하면, 떼어놓기가 얼마나 힘든지 모릅니다. 다리에 달라붙고 바지를 잡아당기고 집에 오면 자기에게 관심을 보여달라고 달려듭니다. 자리에라도 앉을라치면 모두 내 무릎 위에 앉으려 하죠. 그럴 때는 걸어 다니는 놀이 기구가 된 기분이에요. 그래도 내가 아이들에게 사랑받는다는 걸 느낄 수 있죠.

스스로 연약함을 인정하려는 태도는 부모 역할에서 매우 중요하다. 우리 부부도 아이들에게 과민하게 반응한 뒤에 후회하고 용서를 구하기를 몇 번 반복한 끝에 아이들과 더 가까워졌다. 하루하루가 새로운 출발이어야 하고 과거는 깨끗이 용서받아야 한다. 어떤 일이 생기든 부모는 늘 내 곁에 있다는 확신을 아이에게 주어야 한다. 부모가 불안해하며 아이 주변을 맴도는 것이 아니라 굳건하게 곁을 지키고 있다는 확신을 아이에게 주어야 한다.

우여곡절과 시련, 황당한 드라마 같은 일을 겪지 않은 가족은 거의 없다. 부모와 자녀 관계만큼 복잡한 관계도 없기 때문이다. 하지만 그만큼 아름다운 관계도 없다. 그러니 옴짝달싹하지 못하는 궁지에 빠지더라도 이 점을 잊지 말아야 한다. 심리학자 테오도어 라이크의 말대로 "연애도 우정도 모두 실패한다. 그러나 다른 관계보다 요란하지 않은 부모와 자식의 관계는 없어지지도 파괴되지도 않는, 이 땅에서 가장 강력한 관계다."

부모 다음으로 아이에게 영향을 많이 끼치는 존재가 교사다. 지구상에서 제일 힘든 일을 하는 이들이 교사이지만, 그만큼 보상이 큰 직업도 없다는 것이 오랫동안 변하지 않는 나의 지론이다. 카를 융은 이렇게 말했다.

유년 시절을 돌아볼 때 우수한 교사에게는 인정과 찬사를 보내지만, 마음을 어루만져준 교사에게는 감사한 마음을 갖는다. 학교 공부도 꼭 필요한 재료이지만, 따뜻한 마음은 묘목을 키우고 아이의 영혼을 북돋을 때 빼놓을 수 없는 핵심 요소다.

사람들과 얘기하다 보면 저마다 자기 인생에 큰 영향을 준 선생님에 대한 기억을 하나쯤 가지고 있다. 편집자이자 세 아이의 어머니인 모린은 인생의 전환점이 된 초등학교 2학년 때의 경험을 들려주었다.

우르르 몰려다니며 말썽을 피우는 우리를 어떻게 해보려던 선생님들도 모두 손을 드셨어요. 결국 이미 은퇴하고 비상근으로 근무하시던 리처드 웨어햄 선생님이 우리를 떠맡으셨죠.

이 할아버지를 신나게 골탕먹이려던 우리에게 도리어 고삐가 채워졌어요. 그렇다고 언성을 높이거나 우리를 교장 선생님에게 보내신 것도 아니에요. 전혀 새로운 각도에서 상황에 접근하셨다고 할까요. 한번은 친구 둘이 싸우니까 두 사람에게 학교 유리창을 양쪽에서 닦으라고 하셨어요. 조금 전까지 아웅다웅하던 아이들이 키득키득 웃음을 터뜨리더니 마치 거울을 보고 하는 것처럼 서로 흉내 내며 걸레질을 하기 시작했죠.

교실에서 아이들이 으르렁거리며 반란의 기미를 보일라치면 선생님은 허공에 손수건을 던져서 사전에 제압하셨어요. 손수건이 공중에 떠 있는 동안은 마음껏 소리를 질러도 되었거든요. 하지만 손수건이 바닥에 떨어지는 순간부터는 쥐 죽은 듯 조용히 해야만 했어요. 그래도 떠드는 아이는 학교 잔디밭에 가서 민들레를 뽑아야 했고요. 선생님은 우리와 함께 나침반으로 길을 찾고, 새들을 관찰하고, 오두막이나 장애물 코스를 만들면서 뻣뻣하기만 했던 우리의 태도를 부드럽게 푸셨어요.

하지만 리처드 선생님이 우리에게 남긴 가장 큰 유산은 각각의 아이들에게 보여주신 사랑과 존중이었어요. 한번은 선생님이 저를 꾸짖으셨어요. 저는 그 일을 저지르지 않았기 때문에 처음으로 아니라고 버텼죠. 억울한 마음에 화가 나고 눈물까지 나오더라고요. 그런데 제 이야기를 들으신 선생님이 실수했다며 사과하셨어요. 그리고 살다 보면 사람들이 내 행동을 오해하고 비판하는 일이 생긴다고 일러주셨어요. "만약 사람들이 부당하게 대하더라도 되받아치지는 마. 가슴을 펴고 옳다고 생각하는 대로 계속해. 말하는 대신 행동으로 보여주는 거야." 그때 저는 겨우 일곱 살이었지만, 그 순간을 지금까지도 잊지 않고 있어요.

리처드는 교사들을 훈련하는 교육자이자 부모들의 상담자였다. 훗날 암과 싸워야 했던 리처드는 자신이 교육하며 발견한 지혜를 몇 줄의 글로 정리했는데, 그 글은 그 후로 지금까지 여러 가정과 교육 현장에서 읽히고 있다.

아이들은 가정과 집, 학교에서 평생 간직할 단순한 가치를 배워야 합니다. 이런 가치는 거창한 프로그램이나 특별 활동, 여행이나 체험으로 대신할 수 있는 것이 아닙니다. 아이들이 고등학교에 올라간 후에 하늘에서 뚝 떨어지듯 얻을 수 있는 것도 아닙니다. 이런 가치를 가르칠 수 있는 기회는 가정과 유치원, 학교에서 매일 모든 상황에서 찾아옵니다. 상황은 항상 달라지죠.

안 돼. 확실하고 단호하고 선택의 여지가 없는 안 돼. 아이가 '안 돼'라는 말의 가치를 경험하려면, 이 말이 이의 제기도 투덜거림도 차선책도 허용하지 않고 억지도 통하지 않는다는 뜻임을 배워야 합니다. '안 돼'라는 말은 말 그대로 안 된다는 뜻입니다!

이리 와. 저는 이 말로 시작합니다. '이리 와'는 정말 오라는 뜻이어야 합니다. 그렇지 않으면 모일 수 없으니까요. 모이지 못하면 아이들은 금세 각자 가고 싶은 곳으로 흩어져 혼돈과 혼란에 빠지고 맙니다. 함께 모이는 경험은 모두가 공유하고 소중히 여기는 것입니다.

들어봐. 아이가 온전히 집중하는 건 특별한 축복입니다. 아이가 천연덕스럽게 여러분의 말에 귀를 막고 시선을 다른 데로 돌리면 그때부터 세대 간의 격차가 생기기 시작합니다. 그때는 아이와 마음으로 소통하는 관계를 회복하기 위해 정말 애써야 합니다. 아이가 귀를 기울일 때, 아이의 마음이 열리는 순간에 말할 기회를 놓치지 마세요.

조용. 열세 명의 아이가 동시에 얘기해도 기쁠 때가 있습니다. 부모와 교사는 이렇게 한 번에 쏟아지는 주제 토론에서 배울 것이 많습니다! 하지만 아이들은 조용한 시간, 혼자서 조용히 무언가를 하는 시간이 주는 만족감도 경험해야 합니다. 이런 시간은 특별히 해야 할 일이 너무나 많아 흥분을 주체하지 못하고 다른 것은 보지도 못하는 아이에게 아주 중요합니다.

기다려. 인생을 살다 보면 기다려야 할 때가 많습니다. 때로는 짧게, 때로는 아주 긴 시간 기다려야 합니다. 아이들에게 평화롭게 기다리는 법을 가르치지 못하면, 결국 성급함을 가르치는 꼴입니다.

돌보렴. 아이들이 모든 일에 책임감을 갖도록 도와야 합니다. 일이나 놀이, 장비나 도구, 옷가지를 관리하고 다른 사람과 관계를 맺고 존중하는 등 많은 것이 여기에 포함됩니다. 그렇습니다. 아이들에게 책임감을 기대해도 좋습니다.

리처드의 단순한 충고가 깊은 지혜로 다가온다. 유년기를 거치는 영혼을 깊이 존중하는 그의 마음은 자신이 맡은 아이들에게 최고의 것을 주게 했다. 그가 보여준 배려는 아이들에게 미래의 자산이 되었다. 물론 폭풍을 지나는 반항적인 아이와 씨름하는 것은 여간 힘든 일이 아니다. 하지만 그때도 우리는 아이들이 계속 나아갈 수 있도록 표지판 역할을 해야 한다. 특히 아이들이 교사 외에 믿을 만한 안내자를 만날 기회가 전혀 없었다면 더욱 그러하다.

매일 등장하는 뉴스 머리기사를 보면 아이들을 향한 우리 사회의 불신과 경멸이 진하게 배어나온다. 사실은 두려움 때문에 벌어지는 이런 일들 앞에서 교사는 아이들을 향한 열정과 연민의 끈을 놓지 말아야 한다. 최근 〈뉴욕 타임스〉에 "네 살짜리 아이들 포기하기"라는 제목의 사설이 실렸다.

교육부 민권 사무소는 전국 공립학교 9만 7,000곳을 상대로 처벌 정책 운영 실태를 조사했다. 그 결과 모든 교육 과정에서 지나친 처벌이 이루어지고 있는 것으로 드러났다. 심지어 네 살짜리 유아원 아이들에게도 처벌이 이루어지고 있었다. 참으로 부끄러운 결과다. 우리 사회에서 가장 상처받기 쉬운 아이들에게 들이대는 이런 파괴적인 조치는 재고해야 마땅하다.

흑인 학생이 정학을 당하는 비율은 백인 학생에 비해 세 배나 높다. 장애를 지닌 소수 인종 아이들의 삶은 더 고달프다. 인종이 끼치는 영향은 장애라는 변수가 더해졌을 때 한층 더 심각해진다.

지나치게 많은 소수 인종 아이들이 네 살의 나이에 정학이나 퇴학을 당하는 현실은 너무 잔인하다. 이런 배타적인 실태는 아이들이 간신히 기저귀를 떼었을 때 학교가 이들을 포기해버린다는 척박한 현실을 있는 그대로 보여준다. 사실 이런 징계는 유아 교육의 사명에도 정면으로 어긋나는 일이다. … 아직 그런 교훈을 소화할 능력이 없는 아이들에게 가하는 처벌은 아이들의 마음에 상처만 줄 뿐이다. 또한 이런 처벌은 아이들을 학교에서 뒤처지게 하고, 중간에 포기하게 하고, 결국에는 일생 청소년 사법 제도의 낙인을 짊어지고 살아야 하는 크나큰 위험으로 내몬다.[*]

어린아이들을 인종과 장애를 기준으로 구분한다니 끔찍한 일이다. 아직 어리다는 점과 취약한 환경에 처해 있다는 점 때문에라도 더 특별하게 돌보고 인내심을 발휘해야 마땅한데 말이다. 일부 학교에서는 담임과 상담 지도 교사가 다루던 아이들의 행동 문제를 아예 경찰에게 넘겨버리는 일까지 벌어지고 있다. 떼를 쓰거나 난폭하게 군다는 이유로 아직 어린 학생들에게 정학 처분을 내리거나 학교에서 내쫓고 있다. 이런 대응방식 역시 유년기를 망가뜨리는 행위다.

겨우 네 살밖에 안 된 아이에게 전과 기록을 남겨서 학창 시절 내내 꼬리표를 붙이고 살게 하는 것이 과연 옳은가? 그 아이들이 결국 진짜 범죄자가 될 때까지 비행 소년이라는 낙인을 찍는 것이 과연 옳은 일인가? 돌보는 어른들이 너무 빨리 포기한 탓에 수많은 아이들이 철창에 갇혀 지낸다. 정책 입안자들이 다음 세대의 실패를 장담하는데도 누구 하나 이의를 제기하지 않는 이 사회를 어떻게 보아야 할까? 아직 자기 이름도 제대로 못 쓰는 아이들에게서 미래를 빼앗고 사회 밖으로 내쫓는 이 상황을, 아이들을 대하는 뒤틀린 이 가치관을 어떻게 받아들여야 할까?

물론 이런 문제를 광범위하게 다루는 것은 이 책의 범위를 벗어나는 일이다. 하지만 분명하게 문제를 인식하고 공개 석상에서 발언하기를 망설이지 말아야 한다. 대중이 행동에 나설 때에만 현재의 상황을 뒤집을 수 있다.

이 장 앞부분에서 유럽 전역에서 존경받는 야누슈 코르차크의 글을 인용한 바 있다. 코르차크는 유대인 가정에서 태어난 폴란드 교사이자 동화 작가였다. 바르샤바 게토에 고아의 집, 우리들의 집 등의 시설을 마련하여 헌신적으로 아이들을 돌본 덕분에 '아이들의 왕'이라는 별명을 얻기도 했다. 코르차크는 사람들에게 어른들의 세상에서 아이로 사는 것이 어떤 것인지 알리고, 아이들을 머리가 아니라 마음으로 교육하는 것이 얼마나 중요한지

끊임없이 강조했다.

코르차크는 늘 '아이들 곁을 지키기'를 고집했다. 그것을 하나의 원칙으로 삼은 데 그치지 않고 실제로 그렇게 살았다. 1942년 8월 6일, 그가 돌보던 200명의 고아가 열차에 실려 트레블링카 강제 수용소에 있는 가스실로 향하게 되었다. 비유대계 친구들이 마지막 순간에 탈출할 기회를 마련해주었지만, 코르차크는 자기가 돌보던 아이들과 함께 기차를 타고 죽임을 당하는 길을 선택했다.

코르차크의 헌신은 오늘날 우리들 가슴에 큰 울림을 준다. 코르차크가 살던 시대와 지금은 상황이 다르지만, 여전히 많은 아이들이 코르차크 같은 후견인을 간절히 원한다. 아이들의 손을 잡아주고 무슨 일이 있어도 곁을 지키는 그런 어른 말이다. 상대적으로 평화로운 시대를 사는 우리에게, 한 번이라도 아이들을 돌본 적이 있는 사람에게 코르차크가 남긴 마지막 말은 크나큰 도전을 준다. "아픈 아이를 밤에 혼자 두지 마세요. 지금 같은 때에 아이들을 버려두지 마세요."

Chapter 8
다루기 힘든 아이들을 위한 찬가

길을 잃은 아이는 울면서도
계속 반딧불이를 잡는다.

| 요시다 류스이 |

경쟁의 기회가 넘쳐나는 문화다 보니 십 대 대중가수나 영재, 어른스러운 젊은 CEO를 흔히 볼 수 있다.

하지만 우리 주위에는 좀처럼 뉴스에 보도되지 않는 이야기가 있다. 발달 장애 아동과 중퇴자, 소년범의 이야기다. 비만 아동, 다루기 힘든 아이들, 성장이 느린 아이들이 소리 없이 고통을 호소하고 있다. 과잉행동장애라는 유행병에 걸린 아이들, 행동 조절용 약을 복용하는 아이들, 우울증에 빠진 아이들도 있다. 이렇게 많은 아이들이 희망을 잃어버린 이유가 꼭 아이들에게 문제가 있어서는 아니다. 우리 사회가 이 아이들을 패배자가 되게 했기 때문이다.

유년기가 이렇게 외롭고 서글픈 여정이었던 때가 또 있을까? 혹시 요즘 사람들은 유년기를 인간의 발달 과정에서 요주의要注意 단계로 간주하는 건 아닐까? 모든 연령대의 아이들이 놀이터와 교실에서 아이답게 행동했다는 이유로 꾸지람을 듣는다. 유년기의 특징으로 꼽던 것들, 이를테면 충동적이고 쉽게 흥분하고 즉흥적이고 무모하다는 이유로 문제라는 진단을 받는다. 수많은 아이들에게 과잉행동장애라는 진단을 내리고, 차분한 아이가 되도록 약물을 투여한다. 주의력결핍장애에 효과가 있다며 리탈린과 애더럴 같은 약을 과다 투여한다. 안타깝게도 보통 사람들은 어떤 문제든 약으로 해결할 수 있다는 말에 솔깃해한다.

리탈린은 아이들을 통제하고 억제하는 데 사용하는 항우울제, 신경 안정제, 항정신성 약품과 같은 수많은 약 가운데 하나다. 앞에 열거한 약만큼이나 위험하고 어떤 면에서는 더 독한 약이다.

특정한 상황에서는 약물 처방이 적절한 조치일 수 있다. 하지만 약간의 문제만 감지되면 약부터 처방하고 보는 현재의 상황은 과다 처방이라 아니할 수 없다. 미국 인구는 세계 인구의 5퍼센트밖에 안 된다. 그런데 리탈린 처방률은 전체의 85퍼센트나 된다.[1] 너무나 많은 아이에게 이런 약을 최후의 수단이 아니라 우선 수단으로 처방한다. 이런 약은 일단 복용하기 시작하면 웬만해서는 끊지 못한다. 아이 때부터 복용하기 시작하면 평생을 달고 살아야 할 만큼 중독성이 강하다. 그런데 많은 학교가 아이들에게 주의력결핍 과잉행동장애ADHD 검진을 의무적으로 받게 하는 탓에 이런 약이 더 활발하게 판매되고 있다.

물론 여기에 반대하는 사람들도 있다. 소아과 의사 피터 브레긴은 ADHD란 지나친 속박에 대한 아이들의 방어 기제이자 울분을 발산하는 자연스러운 반사 작용이라고 말한다. 이를테면 정서적 욕구가 충족되지 않을 때 나타나는 증상이라는 말이다.

사람들은 리탈린 같은 약이 정서 장애나 행동 장애를 치료하도록 하늘이 내린 선물이라고 부른다. 하지만 이 약을 과다 처방하는 현실은 상상을 뛰어넘을 정도로 끔찍하다. 한번은 미국 국립보건원의 요청으로 이런 약물의 효과에 대해 토론하는 회의에 참석해서 중요한 보고서를 검토한 적이 있다. 여러 자료에 따르면 이런 약물을 동물에게 투여했더니 더 이상 놀지 않았고, 호기심을 잃었고, 다른 동물과 어울리거나 우리를 탈출하려고 하지 않았다. 리탈린은 우리를 탈출하지 않는 온순한 동물을 만들고… 우리는 고분고분하게 철창 안에만 갇혀 있는 온순한 아이들을 만들고 있다. 한 아이를 기르려면 온 마을이 필요하다는 말은 곧잘 하지만, 실제로는 온 마을이 아니라 약 한 알이면 된다는 듯 행동하고 있다.[2]

ADHD가 온당한 진단인지를 따지는 논쟁은 끝이 없다. 한쪽에서는 이를 진단 가능한 질병이라 하고, 다른 한쪽에서는 거의 정상인 아이들에게 너무 쉽게 이런 진단을 내린다고 비판한다. 그리고 이런 상황을 매일 겪는 부모와 교사는 힘에 겨워한다. ADHD 진단이 심리 치료와 행동 치료, 약품 제조 등 관련 산업을 수조 원대로 키우고 있는 것은 엄연한 사실이다. 또한 매일 문제 행동을 보이는 아이들이 점점 더 늘고 있고, 다른 곳에서 도움을 받을 길이 없는 부모와 교사는 그럴 때마다 의사에게 달려가는 것도 사실이다.

오늘날 얼마나 많은 아이들이 안정된 발판을 찾기 위해 씨름하고 있는지 생각해보라. 이런 상황을 안다면 초기에 도움을 줄 수 있는 새로운 방법을 찾아야 한다. 부모 입장에서는 아이가 겪는 어려움이 무엇인지 알아내고 이해해야 안심이 된다는 것을 나도 잘 안다. 때로는 문제에 이름을 붙이는 것이 도움이 될 때도 있다. 하지만 아이에게 이런저런 병명을 붙여서 명랑하고 유능한 아이의 두 발을 꽁꽁 묶어버릴 때도 많다. ADHD 과잉 진단은 헌신적인 교사들이 아이들의 재능과 한계를 제대로 평가할 길을 원천적으로 차단해버린다.

아이들이 보이는 문제 행동을 일종의 질병으로 간주하고 잠재적으로 위험성이 있는 약을 주는 것은 곤란한 상황에서 벗어나기 위해 안일한 길을 선택하는 것에 불과하다. 아이에게 약을 먹이는 대신 가정과 학교에 문제는 없는지 살펴보아야 한다. 분주한 마음과 물질만능주의에 빠져 우리가 얼마나 자주 아이들의 내적 평화와 안정을 방해하는지 정직하게 인정해야 한다. 사회복지사 세라 바넷은 이런 이야기를 들려주었다.

외래 병동에서 일할 때였습니다. 부모들이 아이들을 데려와 지극히 일반적인 불만을 늘어놓았습니다. "아이가 말을 안 들어요"라든가 "성가시게 자꾸 떼를 써요"라는 식으로요. 그런 아이들에게 붙이는 꼬리표가 있습니다. 바로 파괴적 행동 장애입니다. 사실은 말썽을 부리고 말을 안 듣는 것뿐인데 말이에요.

그런 증상에 활용하는 치료법 중에 부모·자녀 상호작용 치료 프로그램이라는 게 있습니다. 첫 번째 단계에서는 부모와 아이가 매일 5분 동안 함께 놀게 합니다. 하루에 5분이요! 그런데 많은 부모가 그걸 하지 않으려고 합니다. 이런저런 핑계를 대면서요. 딸을 낳고 그 일을 그만둔 가장 큰 이유 중 하나는 아이와 하루에 5분도 놀지 못하겠다는 부모를 도무지 이해할 수 없었기 때문입니다.

임상 경험에 비추어볼 때 아이가 파괴적인 행동을 보이는 이유는 부모와 바람직한 애정 관계를 형성하지 못했기 때문입니다. 부모와 대화를 하지 않는데 어떻게 부모 말을 듣겠습니까? 아이들은 이렇게 생각합니다. "내가 왜 그런 명령을 들어야 하는 건데? 말도 안 돼. 그런 명령은 내게 아무 소용이 없어." 부모에게 이런 상황을 설명하면 "네, 알겠습니다"라고 대답은 잘하지만, 실제로 행동을 바꾸려고 하지는 않습니다. 그냥 제가 고쳐주길 바라고 아이들을 데리고 오는 거죠. 그때는 정말 가슴이 아픕니다.

아이들이 불안정한 데에는 여러 가지 원인이 있다. 모든 원인을 단번에 제거할 수는 없지만, 가정이나 교실에서 할 수 있는 일이 분명히 있다. 하루에 5분이라도 함께 시작할 수 있다. 대세를 뒤집는 것은 쉬운 일이 아니다. 하지만 주저하면 할수록 더 많은 아이들이 마음에 무거운 짐을 안고 허덕이게 된다. 그 짐에 꼬리표를 단다고 해서 반드시 가벼워지는 것은 아니다. 사실 꼬리표를 붙이면 부모와 교사, 심지어는 친구마저도 그 아이를 하나의 인격이 아니라 증상이나 진단명으로 보게 할 위험이 있다.

아이가 겪는 특별한 어려움을 어루만지면서도 각자가 자기에게 주어진 상황에서 최선을 다하도록 도와야 한다. 카일의 어머니 아이린이 들려주는 이야기를 들어보자.

카일이 ADHD 진단을 받은 건 여섯 살 때였습니다. 증상을 보면 정확히 ADHD였어요. 쉽게 주의를 빼앗기고, 좀처럼 조용히 놀지 못하고, 말을 너무 많이 하고, 자기 차례를 기다리지 못하고, 질문이 끝나기도 전에 답을 내뱉고, 우물쭈물하고, 안절부절못하고, 자리에 앉으면 쉴 새 없이 몸을 비틀고, 한곳에 집중을 못하고…. 카일이 딱 그랬어요. 그렇다고 정말 카일이 주의력결핍 과잉행동장애가 있었던 걸까요? 이런 경우 누가 장애와 정상을 구분하는지 궁금해지더군요.

예정보다 일찍 태어난 카일은 눈을 뜨길 힘들어했습니다. 늘 졸린 눈을 하고 있었죠. 생후 세 달 만에 제대로 눈을 떴고 그때부터는 아주 혈기 넘치는 아이가 되었습니다. 침대에 새 장난감이나 모빌이 없으면 짜증을 냈고 곰 인형을 안고 자는 건 고사하고 제 무릎에 앉는 것도 싫어했습니다. 아홉 달 만에 걷기 시작하더니 돌 때부터 뛰기 시작했고 퍼즐을 주면 뒤집어엎은 다음에 두 손으로 순식간에 맞췄습니다.

곧 입에서는 단어와 문장이 폭포처럼 쏟아지기 시작했습니다. 카일은 언제나 분주하고 모든 일에 참견하고 다른 아이들의 장난감을 제 것처럼 가지고 놀았습니다. 어린이집 선생님은 이렇게 말하더군요. "제가 한 발 앞서지 않으면 카일은 저보다 몇 발 앞서서 일을 저질러요." 세 살 때는 밖에서 반 아이들보다 저만치 앞서 뛰어가 아주 높은 나무에 올라 오두막을 구경하기도 했답니다. 그 사이 선생님은 카일을 찾느라 혼이 났고요. 늘 달리고 뛰고 오르느라 어깨뼈가 두 번이나 부러졌습니다.

1학년에 올라가서는 꽉 짜인 일정에 반항하기 시작했습니다. 엉뚱한 행동을 하고 규칙을 어겼죠. 친구도 별로 없었습니다. 카일은 좌절했어요. 우리도 그랬고요. 밖에 나가 놀게 하는 것 외에는 아무것도 도움이 되지 않는 것 같았습니다.

카일은 주말마다 벌레를 관찰하고 나무에 올라 새를 관찰하며 많은 시간을 보냈습니다. 오래된 둥지를 발견하고는 그것을 모아서 새들의 다양한 습성을 배워나갔어요. 녹음된 새소리를 기억했다가 가족이 함께 산책을 가면 소리만 듣고 어떤 새인지 알아냈습니다.

여름은 기쁨의 시간이었습니다. 뒤뜰에서 잠을 자고 모닥불을 피우고 마시멜로를 구워 먹고 수백만 개의 별 아래서 꾸벅꾸벅 졸았습니다. 아빠의 도움으로 작은 배를 만들어 힘차게 흐르는 시냇물에서 시간 가는 줄 모르고 떠 있기도 했습니다. 여름에 카일을 따라 수백 킬로미터 넘게 걷고 페달을 굴렸던 것 같습니다.

하지만 언제나 가을이 다시 찾아왔습니다. 카일은 교실 책상 앞으로 돌아가야 했습니다. 과도한 자극과 요구에 맞닥뜨려야 했습니다. 그래서 우리는 결국 조치를 취하기로 했습니다. 교사 및 주치의와 의논을 거쳐 전투 계획을 세웠습니다.

먼저 카일의 방과 학교 책상 주변에 있는 잡동사니를 치웠습니다. 사진과 장난감, 책과 게임기를 치우고 둥지와 조개껍질, 나뭇가지를 놓을 공간을 마련했습니다. 방 분위기를 바꿔볼 요량으로 밝은 색 벽지 대신에 흙빛을 늘렸습니다.

활동도 줄였습니다. 빡빡한 학교 일과를 마치고 저녁에 집에 돌아와서는 밖에서 공놀이를 하는 대신 오두막이나 소파에서 책을 읽으며 긴장을 풀었습니다. 이웃의 초대에도 응하지 않았습니다. 미리 잡아둔 계획이 있다고 정중하게 거절했습니다. 초대한 사람이 마음 상하지 않게 한 말일 뿐이고 사실 우리의 계획은 집에 조용히 있는 거였습니다.

누군가의 생일이나 캠핑 날이 다가오면 아이에게 너무 일찍 알려주지 않으려고 노력했습니다. 기대하는 것은 좋지만 그것 때문에 너무 흥분하면 안 되니까요. 가능한 규칙적인 일정을 세웠고 매일 같은 일정대로 움직였습니다. 카일이 무언가 잘못했을 때 부정적인 말을 하는 대신 성공했을 때 격려와 칭찬을 더 많이 하기로 다짐했습니다. 물론 전자의 경우가 더 많았지만요.

가장 효과적인 약은 결국 자연이었습니다. 어느 겨울, 카일은 학교에서 조용히 앉아 손바닥에 모이를 놓고 박새가 쪼아 먹게 했답니다. 학교를 방문한 누군가가 어떻게 아이가 새를 길들였는지 묻자 지혜로운 선생님이 이렇게 대답했다고 하더군요. "카일이 새를 길들인 게 아니라 새가 카일을 길들인 거랍니다."

독특한 아이가 계속 나아갈 길을 찾도록 돕기 위해 고군분투하는 모든 부모님께 말씀드리고 싶습니다. 가던 길을 계속 가세요. 사랑을 멈추지 마세요. 카일은 컴퓨터 과학 분야에 취직해서 자기 길을 잘 가고 있습니다. 결혼해서 아이를 둘이나 뒀고요. 최근에는 넓은 뒤뜰에 나무가 많은 집을 마련했습니다. 자기가 그랬던 것처럼 아이들도 자연 속에서 자신의 발판을 찾을 수 있도록.

그래도 아이린의 가족은 운이 좋은 편이다. 주치의와 학교가 카일을 위해 기꺼이 한 팀을 이뤘기 때문이다. 모든 아이에게 이런 일이 가능하다면 얼마나 좋을까. 의사와 심리치료사의 사무실 벽에는 이런 글귀를 걸어두면 좋겠다. "모든 진단과 처방은 아이들이 겪는 어려움을 이해하고 그를 도울 최선의 길을 찾는 수단이어야 한다." 아이는 저마다 문제를 겪게 마련이다. 그 경험이 성취감으로 이어질지 재앙으로 이어질지는 우리 어른들에게 달렸다. 그만큼 우리의 책임이 막중하다. 어떤 아이를 '정상'이라고 정의하는 것 자체가 얼마나 어려운 일인지 아는 것도 도움이 된다. '정상'이라는 것이 있기나 하는 걸까? 어린아이를 '비정상'으로 분류하는 대신 변화의 뿌리에 초점을 맞추는 게 어떨까? 더 건전한 환경을 만들고 경직되어 있는 기대감을 조금 내려놓고 조금 더 유연하게 가르치는 식으로 말이다.

동물학자 템플 그랜딘은 어렸을 때 자폐 진단을 받았지만, 불굴의 의지로 이겨냈다. 어머니의 격려와 통찰력 있는 과학 교사의 도움으로 훗날 과학자이자 교수, 작가이자 발명가가 되었고, 나아가 보통 아이들과 다르게 배우는 아이들을 위해 일하는 지칠 줄 모르는 활동가가 되었다. 그랜딘은 아이들을 천편일률적인 모습으로 길러내는 교육 실태를 이렇게 꼬집었다.

자폐증은 스펙트럼이 아주 넓어서 진단이 그리 정확하지 않습니다. 사실 자폐증은 행동에 대한 분석이자 연속으로 나타나는 어떤 특성을 가리킵니다. … 과학적인 면도 있지만, 여전히 자폐증에 대한 의사들의 견해는 많이 엇갈립니다. 사회적 의사소통 장애라는 용어도 있습니다. 흔히 자폐와는 다르다고 합니다. 그런가 하면 '달리 분류되지 않는 전반적 발달 장애'라는 것도 있습니다. 그런 게 다 뭡니까? 아이들에게 아스퍼거 장애니, ADHD니, 심지어 반항 행동 장애니 하는 꼬리표를 붙입니다. 너무 끔찍하지 않나요? 어떤 아이든 흥미를 느끼지 못하면 반항하지 않나요?

우리는 아이들에게 세상에는 흥미로운 일이 많이 있다는 사실을 알려주어야 합니다. 여러 다른 생각이 서로 조화를 이루어야 합니다. 우리 교육 제도를 보면 시각적으로 사고하고 수학적으로 사고하는 아이들이 있다는 사실을 완전히 잊어버린 건 아닌지 심히 염려스럽습니다. … 학교에서는 시각적으로 사고하고 현장 실습하는 시간을 줄이고 있습니다. 기술 계통에 대한 적성은 검사조차 하지 않습니다. 저를 살린 것은 현장 실습입니다. 미래에 창의력을 발휘하는 사람은 지금 보기에 조금 변덕이 심하고 꺼벙해 보일 수 있습니다. … 우리 사회는 지금 종자용 옥수수를 다 먹어치우고 있습니다.'

그랜딘은 오늘날의 잣대로라면 모차르트, 니콜라 테슬라, 아인슈타인도 모두 자폐 진단을 받았을 거라고 말한다. 아인슈타인은 세 살이 되어서야 말을 시작했다.

아인슈타인은 내게 영웅이다. 천재 과학자여서가 아니라 그가 보여준 지혜와 겸손 때문이다. 아인슈타인은 진정한 배움에 대해 이렇게 말하곤 했다. "저는 아주 똑똑하지도 않고 특별한 재능을 타고나지도 않았습니다. 다만 호기심이 아주 많을 뿐입니다!" 아인슈타인은 이런 글도 썼다.

포기하지 않고 계속 묻는 것이 중요하다. 호기심은 그 자체로 의미가 있기 때문이다. 영원과 생명의 신비, 놀라운 실제 세계의 구조를 생각하노라면 경외감이 든다. 매일 이 신비의 일부라도 이해하려고 노력하는 것만으로 충분하다. 신성한 호기심을 절대 잊지 마라.

내가 어쩌다 상대성 이론을 발전시킨 사람이 되었을까, 스스로 묻곤 한다. 내 생각에 어른은 보통 가만히 멈춰서 시간과 공간에 대해 생각하려 하지 않는다. 어렸을 때 이미 생각해본 일이기 때문이다. 하지만 어렸을 때 나는 지능 발달이 더뎠기 때문에 어른이 된 뒤에야 시간과 공간에 대해 생각하기 시작했다.[*]

아인슈타인은 보통 사람들의 기대에 어긋나는 것이 어떤 느낌인지 말하고 있는 것이다. 어떤 가정이든 혹은 어떤 학교든 그런 아이가 한 명쯤은 있게 마련이다. 정해진 틀을 벗어나려 하고 행동이 과하게 많고 당황스러울 정도로 솔직하거나 늘 말썽을 일으키는 아이가 있다. 그런 아이 때문에 교사들은 한없이 고민하고 부모들은 잠을 못 이룬다. 그게 자연스러운 현상일지라도 부적격자가 되는 건 유쾌한 일이 아니다. 여러 해 동안 손가락질과 냉대를 당해야 했던 자닌은 이렇게 말한다.

저는 아주 어렸을 때부터 사람들에게 제 생각을 그대로 말했습니다. 그걸 반기는 사람은 드물었지만요. 어떤 사람 얼굴에 뭐가 났거나, 누가 다리를 절거나, 코를 훌쩍거리거나, 당황한 기색을 보이면 어김없이 지적했습니다. 어떤 사람이 우울해 보이면 곧장 뭐가 문제인지 물어봤고요. 그때마다 늘 꾸지람을 들었습니다.

유년 시절이 이제는 가물가물합니다. 그래서 아주 감사하지만, 그래도 이건 분명히 기억합니다. 누구와도 어울리지 못하고, 늘 말썽을 피우고, 문제를 일으킨다는 꾸지람을 달고 살던 기억이 생생해요. 상류층 자녀들만 오는 사립학교에 다니는 동안 저는 훔치고 속이고 거짓말을 했습니다. 자신에게만 몰두해 있었지만, 부당하게 괴롭힘을 당한다는 느낌이 들면 가만히 있지 않았어요. 사실 저는 아주 불안정했어요. 학교에서는 일찌감치 제게 문제아라는 딱지를 붙였지만 소용이 없었어요. 특히 한 선생님은 저를 경계 대상으로 지목하셨어요. 그 꼬리표는 늘 저를 따라다녔고 사람들은 제가 말썽을 피울 거라고 예상했어요. 대체 교사가 우리 학교에 오면 "저 여자아이를 조심해. 맨 앞자리에 앉은 데는 다 이유가 있어"라는 충고를 받았습니다. 수렁에서 빠져나오려고 저는 계속 거짓말을 했고, 거짓말이 들통 나면 다시 거짓말을 했습니다.

졸업할 때쯤에는 저도 저를 포기했습니다. 다른 방법이 있나요? 제 말을 믿는 사람은 아무도 없는데. 절망에 빠져 마음을 굳게 닫고 아무 생각도 하지 않으려고 했어요. 그때 저는 걸어 다니는 돌이나 다름없었습니다. 몇 년 동안은 울 줄도 몰랐어요.

지금 와서 돌아보면 제 잘못도 확실하게 보입니다. 여러모로 저는 다루기 힘든 아이였을 겁니다. 그렇다고 아이들이 스스로 절망할 때까지 방치하고 꼬리표를 달아야 하나요? 그래도 나를 믿어주는 사람이 있다, 언젠가는 상황이 나아질 거다, 라고 느끼도록 아이를 돕는 게 어른의 의무 아닌가요?

자닌 같은 아이가 겪은 시련은 신체적·성적 학대에 비하면 시시해 보일지 모르지만, 사실은 그렇지 않다. 자닌의 경험이 보여주듯 그런 부정적인 꼬리표는 아이가 감당하기에는 너무 무겁다. 아이들이 겪는 정서적 고통은 하나같이 다 심각하다. 아이들은 상처받기 쉽고 옆에 있는 어른에게 의지하기 마련이라서 우리가 생각하는 것보다 훨씬 더 비난에 민감하고 그만큼 쉽게 망가진다. 대부분의 아이들이 어른보다 더 잘 잊고 쉽게 용서하지만, 그만큼 많은 아이들이 어른들의 부당한 비난과 가시 돋친 말, 성급한 판단에 자신감을 잃는다.

아이를 판단할 때마다 우리는 아이를 온전한 인격으로 바라보지 못한다. 아이가 불안해할 수도 있고, 부끄러움이 심할 수도 있고, 유독 고집이 셀 수도 있고, 난폭할 수도 있다. 우리가 그 아이의 형제자매나 가정환경을 잘 알고 있을 수도 있고 집안의 특성을 잘 안다고 생각할 수도 있다. 하지만 그건 아이를 틀에 가두는 행위다. 아이의 한 가지 면, 그것도 부정적인 면만 보는 것은 아이를 정해진 틀에 억지로 우겨넣는 것이나 다름없다. 그리고 사실 그 틀은 전혀 현실적이지 않고 우리의 기대치가 만들어낸 것에 불과하다. 그 결과 아이를 특정 범주로 분류할 때 우리는 아이의 운명이 우리 손에 달려 있지 않다는 사실을 잊어버린다. 그리하여 아이의 잠재력과 장차 아이가 갖게 될 미래를 제한해버린다.

내 아이나 다른 아이를 비교하는 건 꼬리표를 붙이는 것만큼이나 해롭다. 아이들은 저마다 다 다르다. 온갖 행운을 타고난 것처럼 보이는 아이가 있는가 하면, 삶의 도전 앞에 그저 생존을 위해 허덕이는 아이도 있다. 어떤 아이는 늘 완벽한 성적표를 들고 오고, 또 어떤 아이는 늘 꼴찌를 면치 못한다. 어떤 아이는 타고난 재능에 인기도 많지만, 또 어떤 아이는 아무리 애를 써도 문제에서 헤어나지 못한다. 아이들이 이런 현실을 받아들이게 하는 것도 우리의 몫이다. 그러나 부모와 교육자로서 우리는 각자 맡은 역할에 최선을 다해야 한다. 편애하고 비교하는 행동을 멈춰야 한다. 무엇보다 아이들의 독특한 개성을 무시하고 절대 바뀔 수 없는 모습으로 바뀌라고 강요해서는 안 된다.

아이의 재능을 가로막거나 무시해서는 안 된다. 그렇다고 칭찬이 지나쳐도 위험하다. 타고난 재능보다는 노력하고 개선해나가는 모습을 칭찬해야 한다. 자신의 재능을 지나치게 의식하는 아이를 지도하는 건 여간 어려운 일이 아니다. 특히 그 아이에게 어른들이 달콤한 칭찬을 쏟아부은 뒤라면 더 쉽지 않다. 자신을 지나치게 중요하게 여기는 태도는 사실 다른 사람을 깎아내린 대가로 얻는 것이다. 그래서 결국 이런 아이는 다른 사람과 관계를 맺는 데 어려움을 겪게 마련이다.

외모가 뛰어나거나 미소가 밝거나 성격이 낙천적이라서 유년 시절을 순탄하게 보내는 아이들에게 유독 관심을 쏟고 내심 편애하는 것도 위험하기는 마찬가지다. 나의 할아버지는 그런 아이를 가리켜 '황금빛 저주'를 짊어지는 꼴이라고 말씀하셨다. 어렸을 때부터 모든 사람이 잘 대해주었기 때문에 어른이 되어서도 당연히 모든 사람에게 그런 대우를 받을 것이라는 착각에 빠질 위험이 있기 때문이다.

부모와 교사는 '착한' 아이를 그저 '순한' 아이와 헷갈리곤 한다. 사실 착한 아이로 기르겠다는 목표 자체가 수상쩍다. 진실성이 있는 아이로 키우는 것과 독선에 빠진 아이로 키우는 것은 전혀 다르다. 교육자 토머스 리코나가 말한 대로 아이가 말썽을 피우고 혼나는 것도 사실은 덕성을 기르는 아주 중요한 과정이다.

아이에게 순종을 가르치고 싶기는 하지만, 독립심을 누르고 싶지는 않다. 가끔은 못된 짓을 해도 괜찮다는 자신감이 아이들에게 필요하다는 말은 참 현명한 이야기다. 완벽하지 않아도 된다고 아이들에게 여지를 주는 것은 매우 중요하다. … 어렸을 때 작은 천사였던 아이가 반드시 지략이 풍부하고 독립심이 강한 어른이 되는 건 아니니까 말이다.[5]

지나친 칭찬은 '착한' 아이를 망칠 수 있다. 하지만 '난 나쁜 아이야'라고 생각하게 만드는 비교는 훨씬 더 파괴적이고 부정적인 영향을 준다. '나쁜' 아이와 '착한' 아이의 특징을 자꾸 비교하면, 아이는 자존감을 지키려고 '착한' 아이의 행동을 따라 하지만, 결국 자존심에 상처를 입고 좌절과 자기 회의의 늪에 빠진다.

한 사람의 부모로서 나는 코르차크의 짧은 말을 떠올리곤 한다. "아이에게는 나쁜 점보다 좋은 점이 열 배나 많다. 나쁜 점에 대해서도 기다려주고 지켜봐줘야 한다." 학교에 강연을 다니면서 아이들이 쓴 글귀를 수많은 학생에게 나누어주었다. 이 글은 그저 하루를 견디는 몸부림 속에서 잃기 쉬운 긍정적인 메시지를 아이들의 언어로 표현한다.

넌 아주 특별해. 세상에 너 같은 아이는 없어. 세상이 시작된 이래 너의 미소와 눈, 손, 머리카락을 가진 사람은 없었어. 아무도 너 같은 목소리를 내거나 너처럼 글씨를 쓰는 사람이 없어. 다른 사람과 말할 때 너처럼 말하는 사람도 없어. 너처럼 그림을 그리는 사람도 없고 똑같은 취향을 가진 사람도 없어. 너와 똑같은 방식으로 세상을 보는 사람도 없고 너처럼 웃거나 우는 사람도 없어.

세상에 너와 똑같은 능력을 지닌 사람은 눈을 씻고 봐도 없어. 세상에는 누구나 다른 사람보다 한두 가지를 잘하는 사람이 있기 마련이잖아. 하지만 세상에서 너처럼 독특한 재능과 느낌을 지닌 사람은 없어. 그렇기 때문에 너처럼 사랑하고 걷고 생각하고 너와 똑같이 행동하는 사람은 찾을 수 없어.

세상에 흔치 않고 독특한 것은 모두 어마어마한 가치가 있어. 너도 마찬가지야. 네가 우연히 세상에 온 게 아니니까. 하나님은 특별한 목적을 가지고 너를 만드셨어. 다른 사람은 흉내 낼 수 없는 임무와 목적을 너에게 주신 거야. 수십억 명의 지원자 중에 오직 한 사람만 자격이 있고 오직 한 사람만 필요한 조합을 갖췄어. 그 사람이 바로 너야.[6]

이 글을 읽을 때마다 아이들의 얼굴이 환해진다. 실수나 어려운 상황을 겪더라도 여전히 자신의 삶이 의미가 있음을 기억하도록 돕기 때문이다.

까다로운 아이를 기르는 부모가 그 속에서 유익을 찾기란 쉽지 않다. 아무리 결과가 좋아도 마찬가지다. 심적 고통으로 큰 상처를 입은 부모도 있고, 어려운 시기를 지났다는 안도감이 너무 커서 전투가 끝나고 나면 부모든 아이든 과거의 일은 다시 끄집어내고 싶어 하지 않는 경우도 있다. 하지만 이상하게 들릴지 몰라도 아이 때문에 큰 위기를 겪은 부모일수록 더 많이 감사해야 한다. 까다로운 아이를 둔 부모는 오히려 뭇사람의 부러움을 받아야 마땅하다. 진정한 부모가 되는 데 필요한 아름답고 은밀한 교훈을 얻을 기회를 다른 부모보다 더 많이 누렸기 때문이다. 그 교훈은 바로 조건 없는 사랑이다. 자식에 대한 사랑을 한 번도 시험받아본 적이 없는 사람에게 이 비밀은 좀처럼 진가를 드러내지 않는다.

다루기 힘든 아이를 기를 때 이런 점을 마음에 두고 앞을 내다보면 절망의 순간도 우리의 최고의 자질이 깨어나는 순간으로 보일 것이다. 완벽한 아이를 기르는 여유로운 이웃을 부러워하지 마라. 규칙을 깨고 말썽을 피우는 아이가 결국은 자신의 한계를 한 번도 시험해본 적이 없는 아이보다 더 독립적이고 자립심이 강한 사람으로 자란다는 사실을 기억하라. 19세기 사회개혁가이자 노예제 폐지 운동가이면서 설교자였던 헨리 워드 비처는 이렇게 말했다. "부모를 힘들게 했던 아이의 에너지는 훗날 그가 인생을 관리할 줄 아는 사람이 되게 한다." 결코 쉽지 않았던 유년기를 보낸 탓에 이런 긍정적인 시각을 받아들이기 어려운 어른이 있다면, 자신을 돌아보는 대신 아이들을 바라보길 바란다. 아이들을 사랑하고 아이들에게 사랑받을 때마다 우리는 용서의 힘과 과거를 잊는 일의 중요성, 희망 속에 피어나는 낙관을 새삼 발견하기 때문이다.

하루에 수십 번이라도 용서하라. 아이가 번번이 말썽을 피워도 아이를 향한 믿음을 잃지 말자. 절망하면 '저 아이는 희망이 없어'라고 체념하기 쉽다. 체념할 수밖에 없는 건 희망이 부족한 탓인 것 같지만 사실은 사랑이 부족한 탓이다. 아이들을 진정 사랑한다면, 가끔 절망 속에서 머리를 감싸 쥐기는 해도 포기하지는 않는다. 하나님은 히브리인들에게 모세의 율법만 보내신 것이 아니라 하늘의 만나도 보내셨다. 만나가 없이는, 다시 말해 그런 따뜻함과 웃음, 친절과 연민이 없이 살아남을 수 있는 가족은 어디에도 없다.

우리를 당황하게 하는 아이의 입을 다물게 하고 마음에 차지 않는 아이를 다그치는 대신, 말썽 피우는 아이에게 의심의 눈초리를 보내고 결국 범죄자가 될 거라고 단정하는 대신, 아이들을 있는 그대로 받아들이자. 선량함의 한계와 획일성이 주는 지루함을 보게 함으로써 아이들은 우리에게 진심의 필요성과 겸손의 지혜를 가르친다. 분투하지 않고는 좋은 결과를 얻을 수 없다. 다른 일이 다 그렇듯이 육아와 교육도 마찬가지다.

Chapter 9
아이들을 숭상하는 마음

아이가 길을 따라 내려가자 천사들이 앞서 가며 외친다.
"거룩한 분의 형상을 위해 길을 내어라."

| 유대 하시디즘 격언 |

겹겹이 쌓인 수많은 문제에 짓눌린 사회에서 아이들에게 큰 위험이 닥칠 것은 불 보듯 뻔하다. 빈곤과 폭력, 방치, 질병, 학대 등 이루 다 나열할 수 없는 불행이 아이들을 기다리고 있다. 그렇다면 우리는 무엇을 해야 할까? 헤르만 헤세는 사회의 회복을 주제로 쓴 글에서 문제의 뿌리를 확인하는 것이 첫걸음이라고 말한다. 그리고 문제의 뿌리는 생명에 대한 경외심 부족이라고 지적한다.

생명에 대한 무례와 불경, 비정함, 경멸은 모두 살인이나 다름없다. 현재만 죽이는 것이 아니라 미래까지 죽인다. 아무렇지 않게 살짝 내비치는 회의적인 태도만으로도 아이와 청소년의 미래를 죽일 수 있다. 생명은 어디에서나 기다리고 어디에서나 꽃을 피우지만, 우리는 아주 일부만 보고 발로 짓밟는다.[1]

헤르만 헤세는 오늘날 아이들을 가장 큰 위험에 빠뜨리는 요인이 무엇인지 보여준다. 순결과 온화함을 희생시키고 성과 폭력을 미화하는 문화에서 숭상崇尙해야 마땅한 아이들에게 비정한 언행을 일삼는 풍조가 만연하다. 이런 파괴적인 기류에 타격을 받지 않는 사람은 아무도 없지만, 가장 큰 희생자는 언제나 아이들이다. 요즘 아이들은 차근차근 성장할 기회조차 박탈당하는 것 같다. 좋은 것이 무엇이고 매혹적인 것이 무엇인지 제대로 구분할 수도 없는 나이에 어른들의 세상에 던져진다. 그래서 자기가 무슨 짓을 하고 있는지도 모르고 어른들의 추악한 행동을 모방한다. 그리하여 영영 자라지 못한 어린아이로, 그렇다고 진짜 아이도 아닌 어정쩡한 상태로 머문다.

어린이의 대변자 다이앤 레빈은 이런 타락의 근원이 무엇인지 우리에게 일러준다.

일주일간의 방학이 끝나자 선생님이 여섯 살에서 일곱 살 된 아이들을 교실에 불러모았다. 그리고 방학 중에 가장 재미있었던 일에 대해 말해보라고 했다. 아이들은 하나같이 대중 매체가 하는 말을 반복했다. 남자아이들은 비디오 게임, 특히 폭력적인 비디오 게임을 하는 게 가장 좋았다고 답했다. 여자아이들은 연예계 스타의 최신 공연을 관람한 게 가장 좋았다고 대답했다. 그러면 만약 방학동안 TV나 컴퓨터를 끄고 시간을 보내야 한다면, 무얼 할 거냐고물자 아이들은 선생님 얼굴을 멀뚱히 바라보기만 했다.

폭력과 공격성, 선정성, 외모 중시 풍조를 양산하는 미디어의 메시지와 만날 때 아이들의 사회성은 더 빠르게 고갈된다. 대중문화는 여자아이들에게 틀에 박힌 사고방식을 가르친다. 남녀관계는 외모가 얼마나 예쁘고 얼마나 값비싼 물건을 가지고 있느냐에 의해 좌우된다고 가르친다. 그런가 하면 남자아이들에게는 타인과 긍정적인 관계를 맺고 있는지 여부가 아니라 얼마나 힘이 센지, 얼마나 독립심이 강한지, 전투태세를 갖추고 있는지를 보고 상대를 평가하라고 가르친다. 어떤 의미에서 아이들을 모두 물건으로 취급하고 있다. 일단 자신과 타인을 상품화하고 나면 비열한 행동을 하거나 인간관계에 무신경해지기가 훨씬 쉬워진다.[2]

아이들도 자기가 상품화되고 있다는 사실을 안다. 그런데도 아이들은 그렇게 행동하면 안 된다고 말할 셈인가? 인생에서 경이롭고 독특하고 신비로운 모든 것을 성性이라는 가장 저열한 공통분모로 끌어내리고 있는데도 말이다. 확실한 자아감이 없으면 아이들은 자신이 누구이고 어떻게 해서 존재하게 되었는지 그 진가를 이해하지 못한다. 남자 또는 여자가 되는 것의 의미에 대한 비뚤어진 해석만 신물 나게 접하게 된다.

이런 풍조는 패거리를 만들도록 아이들을 부추기고 이는 집단 따돌림으로 이어지기도 한다. 남자아이들은 비뚤어진 남성성을 익혀 두목 행세를 하며 거들먹거리지만, 마음속에는 개인적인 혹은 집단적인 비겁함이 숨겨져 있다. 여자아이들의 무리도 아주

배타적이고 다른 아이들을 자기 무리와 똑같이 만들려고 압력을
행사하기 때문에 해롭기는 마찬가지다. 더 심각한 문제는 이 아
이들이 너무 일찍 어른들의 성생활을 따라 하며 괴로워한다는
점이다.

십 대 딸을 둔 쉐이나는 소녀라는 개념이 오늘날 어떻게 타락
했는지 설명한다.

순진한 얼굴을 한 십 대 소녀가 TV에서 인기를 끌 때 딸아이는 겨
우 열한 살이었습니다. 전 늦게까지 일하느라고 TV를 볼 시간이
없었고, 그래서 그 프로그램이 긍정적인 메시지를 주는지 어떤지
가늠할 겨를이 없었습니다. 딸의 친구 엄마들은 하나같이 저를 안
심시켰어요. 그 프로그램은 분위기가 좋고 출연하는 소녀들도 노
출이 심한 옷을 입지 않는다고, 부모들도 수긍할 만한 가사의 노래
를 부르고 아빠와도 관계가 좋다고 하더군요. 그래서 아이가 유행
을 따르게 놔두었습니다. 사실 말릴 자신이 없었어요.

딸아이는 그 십 대 소녀 스타의 옷을 따라 입고 노래를 따라 부
르고 춤을 따라 추고 친구들과 프로그램을 놓고 수다를 떨었습니
다. 그런데 얼마 안 되어 십 대 스타의 명성에 금이 가기 시작했어
요. 마약 복용, 사진 조작, 뇌물, 거짓말 논란에 휘말리더니 어느 순
간 TV에서 사라졌습니다. 그리고 얼마 지나서 재기에 성공했습니
다. 이번에는 복장도 말도 행동도 매춘부가 따로 없더군요. 그런

모습으로 나타나 착실한 소녀 팬을 몰고 다니기 시작했습니다.

제 아이를 보는 것 같아 가슴이 아팠습니다. 애초에 열두 살의 나이에 무대에 서면 안 되는 거였어요. 부모도 처음부터 자기 아이를 무대에 세우지 말았어야 했고, 저 역시 아이가 그런 프로그램을 보지 못하게 했어야 했어요. 하지만 결국 인기라는 괴물은 한마디의 사과도 설명도 없이 아이들을 삼켜버립니다. 결국에는 구경꾼까지 모두 죽음으로 몰아넣는 자살 폭탄으로 변하고 맙니다.

우리의 선진 문명이라는 것이 결국에는 어린아이들의 영혼을 파괴하는 것만 같다. 그것이 물질만능주의든, 처방약이든, 학력고사든, 첨단 기기든, 오락물이 표방하는 천박한 선정성이든 아이들에게 해롭기는 마찬가지다.

나는 모든 아이가 태어날 때 창조주의 흔적을 안고 태어난다고 믿는다. 아이들의 순수함과 천진함은 위대한 선물이다. 한번 잃으면 다른 것으로 대체할 수 없는 선물이다. 그러므로 소중한 보물로 여기고 보호해야 한다. 누구도 이 선물을 파괴할 권리가 없다.

아이의 천진함을 보호하려면, 먼저 우리 마음에 묻은 오염을 씻어내야 한다. 작가 마그다 폰 하틴베르그는 이렇게 말했다.

나는 우리가 유년 시절을 서랍에 넣고 자물쇠를 잠가놓은 것 같다는 생각을 하곤 한다. 늘 가지고 다니지만, 아이들에게 격정적으로 반응하는 순간에만 그 존재를 확실히 인식한다. 어떤 사람들은 유년 시절을 땅속에 깊이 묻어버렸거나 무언가 끔찍한 짓을 저질렀다. 유년 시절을 죽여버린 것이다. 순진한 얼굴로 작은 팔을 뻗는 아이를 무심하게 지나치는 이들은 참으로 서글픈 사람이다.³

아이를 대할 때 우리가 지녀야 할 마음은 숭상崇尙하는 마음뿐이다. 하지만 숭상이라는 말 자체가 구식처럼 들리는 탓에 그 말의 진정한 의미마저 흐릿해져버렸다. 숭상하는 마음은 사실 진정한 사랑과 다르지 않다. (우리가 이미 잃어버린) 아이의 특성을 귀하게 여기는 마음, 아이들의 가치를 귀하게 여기는 태도, 아이들로부터 배우려는 겸손한 마음과 다르지 않다.

또한 숭상은 깊이 존중하는 태도다. 나의 할아버지는 이렇게 말씀하셨다.

어린아이들은 우리로 진실을 깨닫게 하는 존재다. 사실 우리는 한 아이도 가르칠 자격이 없다. 우리의 입술은 깨끗하지 않고, 우리의 헌신은 온전하지 않다. 우리의 신실함은 불완전하고, 우리의 사랑은 분열되어 있다. 우리가 베푸는 친절에는 저의가 있고, 우리는 여전히 비정함과 소유욕, 이기심에서 자유롭지 못하다. 오직 현인과 성인들, 다시 말해 하나님 앞에 어린아이처럼 서 있는 사람만이

아이들과 함께 살고 일할 자격이 있다.⁺

우리 중에 감히 현인이나 성인을 자처할 사람은 아무도 없다. 지식과 이해뿐 아니라 어린아이에 대한 숭상을 교육의 기초로 삼아야 하는 이유는 그래서다. 독일의 소설가 에리히 마리아 레마르크는 1차 세계대전 직후에 쓴 《귀로*Der Weg zurück*》에서 이런 믿음을 인상적으로 묘사했다. 전장의 참호에서 적에 맞서 싸운 퇴역 군인 에른스트는 이렇게 말한다.

아침이 밝았다. 나는 교실로 향한다. 어린아이들이 팔짱을 끼고 앉아 있다. 유년기 아이들 특유의 수줍음과 놀라움으로 눈이 반짝인다. 아이들이 신뢰와 믿음이 가득한 눈으로 나를 올려다본다. 갑자기 가슴에 경련이 인다.

지금 너희들 앞에 서 있는 나는 전쟁이 모든 믿음과 거의 모든 힘을 파괴해버려 파산 상태인 수천 수백 명 중의 하나다. 지금 너희 앞에 서 있는 나는 너희가 나보다 얼마나 더 생기가 넘치고 얼마나 더 단단하게 생에 뿌리를 박고 있는지 깨닫는다. … 이런 이야기를 너희에게 해야 할까? 20년만 지나면 너희도 쭈글쭈글해지고 무력해질 거야. 지극히 자유로운 너희의 충동도 못쓰게 되고 무자비한 손이 너희를 거푸집에 집어넣고 똑같은 모양으로 찍어낼 거야. 정말 이런 말을 너희에게 해야 할까? 인간이 하나님과 인류

애의 이름으로 가스와 철, 폭탄과 불을 이용해 전쟁을 일으키는 한 그 어떤 학식도 그 어떤 문화도 그 어떤 과학도 모두 다 흉측하고 어리석은 헛수고에 불과하단 걸. 이 끔찍한 시대에도 홀로 죄악에 물들지 않고 순전함을 지킨 너희 작은 생명에게 나는 무엇을 가르쳐야 할까?

수류탄의 안전핀 뽑는 법을 가르쳐야 할까, 어떻게 하면 목표물을 정확히 맞힐 수 있는지 가르쳐야 할까? 어떻게 총검으로 사람을 찌르는지 가르쳐야 할까? 소총으로 불가사의한 기적과 같이 살아 숨 쉬는 가슴을, 살아 있는 심장을 정확히 겨냥하는 방법을 너희에게 가르쳐야 할까?

오염된 채로 죄책감에 시달리는 나는 지금 너희 앞에 서서 부디 너희가 지금의 모습을 잃지 않기를, 유년의 밝은 빛이 번뜩이는 미움의 섬광에 오용당하지 않기를 바란다. 너희 얼굴은 여전히 천진난만한 숨을 내뿜는구나. 헌데 어떻게 내가 주제넘게 너희를 가르칠 생각을 할까? 피로 더럽혀진 세월이 여전히 내 뒤를 쫓고 있는데. 내가 어떻게 너희에게 과감히 말할 수 있을까? 그 전에 다시 어린아이로 돌아가는 것이 먼저 아닐까?

경련이 온몸으로 퍼져 마치 돌처럼 굳어가는 것만 같다. 이러다 무너져 내릴 것만 같다. … 간신히 입을 연다. "아이들아, 이제 가거라. 오늘은 수업이 없다."

내 말이 진담인지 확인하려고 어린아이들이 나를 살핀다. 나는 고개를 끄덕이며 다시금 말한다. "그래, 맞아. 오늘은 가서 놀아라. 하루 종일. 숲에 가서 놀든지, 개나 고양이와 함께 놀려무나. 내일까지 학교에 돌아올 필요 없다."[5]

비슷한 말을 실제 교실에서 하면 사람들은 어떤 반응을 보일까? 무슨 말을 하는 거냐며 의심의 눈초리를 보낼 것이 뻔하다. 해고나 당하지 않으면 다행이다. 하지만 레마르크의 말대로 중요한 것은 상황이 아니다. 중요한 것은 우리 시대가 완전히 잃어버린 정신에 그가 가슴 깊이 감동을 받았다는 사실이다. 순진무구하고 연약하고 정직하고 자발적인 아이들의 얼굴을 본 그에게 떠오른 것은 숭상하는 마음뿐이었다.

일단 숭상의 뜻을 이해하면 세상을 보는 눈이 바뀌고 오늘 우리가 무엇을 해야 하는지도 알게 된다. 숭상이라는 간단한 말은 우리의 삶이 혼란에 빠지거나 맥이 풀리지 않게 돕는다. 우리가 하는 행동을 하나하나 관찰하는 아이가 있음을 기억하고 진실함과 존경의 본이 되게 한다. 내면의 가치를 평가 절하하는 대신 내면의 가치를 표현하는 옷을 입게 한다. 어린아이들에게 성생활과 생식에 대한 정보를 노골적으로 쏟아붓는 대신 인간이 되는 것이 어떤 의미인지 천천히 이해시키도록 돕는다. 그리고 아이가 묻는 질문에 정직하고 쉽게 대답하게 한다.

숭상하는 마음을 가지면 아이들에게 건강한 관계의 본을 보일 수 있다. 나는 이것을 부모님에게 배웠다. 부모님은 아주 솔직하게 서로의 의견차를 인정하셨고, 언제나 웃음과 포옹으로 논쟁을 마무리하셨다. 아버지는 다정한 모습을 보이는 것을 부끄러워하지 않았고, 어머니는 늘 온화한 모습으로 우리를 지도하셨다. 그것이 가능했던 이유는 어머니에게 엄청난 용기가 있었기 때문이다. 신뢰와 존중을 바탕으로 한 결혼 생활은 두 사람을 아는 모든 이에게 본이 되었다.

모든 생명을 경외하고 숭상하는 마음을 가지면, 타인을 긍휼히 여기는 마음이 생기고 긍휼의 가치를 다른 사람에게도 가르칠 수 있다. 아무리 마음에 빗장을 굳게 건 아이라도 공감하는 법을 배울 수 있다. 이런 일을 실제로 목격하는 것처럼 놀라운 경험도 없다. '공감의 뿌리'라는 프로그램을 시작한 메리 고든도 비슷한 경험을 했다. 어린 아기를 교실에 데리고 가는 이 프로그램으로 학교에서는 집단 따돌림이 줄었고 아이들 사이에 이해심과 배려심이 생겨났다.

대런은 내가 '공감의 뿌리' 교실에서 만난 학생 중에 가장 나이가 많은 아이였다. 두 번이나 유급을 당하고 8학년에 재학 중이었다. 친구들보다 두 살이나 많아서 턱 밑에는 벌써 거뭇거뭇한 수염이 자라기 시작했다. 나는 대런의 사정을 알고 있었다. 대런은 네 살 되던 해에 눈앞에서 엄마가 살해당하는 모습을 보았다. 그 후에는 양부모 집을 전전하며 살았다. 대런은 자기를 무시하지 말라고 경고하는 듯 험상궂은 표정을 하고 있었다. 머리카락은 정수리에만 조금 남기고 완전히 밀었고 뒤통수에는 문신까지 새겼다.

그날은 '공감의 뿌리' 강사가 기질의 차이에 관해 설명하기로 한 날이었다. 강사는 6개월 된 아기 에반을 데려온 엄마에게 에반의 기질에 관해 이야기해달라고 했다. 아기 엄마는 아이들에게 에반이 어떤 아기인지 이야기했다. 에반은 포대기로 안을 때 얼굴을 바깥으로 돌리길 좋아하고 엄마를 꼭 껴안아주지 않는다고 했다. 엄마는 아기가 품에 꼭 안겼으면 좋겠다고 했다. 수업이 끝나고 아기 엄마는 포대기를 매보고 싶은 사람이 있냐고 물었다. 초록색 바탕에 핑크색 무늬가 있는 포대기였다.

그때 교실 한쪽에서 대런이 손을 들었다. 학생들이 점심을 먹으러 앞다투어 교실을 빠져나가는 사이 대런은 포대기를 둘러맸다. 그러고는 포대기 속에 에반을 넣고 안아보아도 되느냐고 물었다. 엄마는 잠시 걱정하는 듯했지만, 곧 아기를 건네주었다. 대런은 아기 얼굴이 자기 가슴을 향하게 안고 아기를 포대기 안에 넣었다. 작고 영리한 아기가 포대기 안으로 쏙 들어가자 대런은 아기를 안은 채 교실 구석으로 가서 한동안 아기를 얼러주었다. 그리고 잠시 후 아기 엄마와 '공감의 뿌리' 강사가 있는 곳으로 돌아와서는 이렇게 물었다. "누구에게도 사랑받지 못한 사람도 좋은 아빠가 될 수 있나요?"

공감의 씨앗이 뿌려진 것이다. 대런은 어린아이로서 겪지 말았어야 할 일을 겪으며 살았다. 부모를 잃고 열네 살이 되기까지 누군가에게 사랑받은 기억도 없이 힘겹게 살아온 아이가 이제 어렴풋한 희망의 빛을 발견한 것이다. 아기를 품에 안은 그 순간 아기에게 조건 없는 사랑을 받은 사춘기 소년은 사랑받지 못했던 자신의 유년 시절과 작별하고 자식을 사랑하는 부모가 되는 자신의 모습을 꿈꾸기 시작했다. 아기가 소년 안에 있는 인간애를 발견하게 해주었고 어린 소년의 미래를 바꿔놓았다.[6]

아이들에게 긍휼에 대해 말해주는 것도 도움이 된다. 하지만 아이들과 함께 무료 급식소나 장애인 올림픽에서 자원 봉사를 하거나 양로원이나 병원을 방문하면, 말이 살아 있는 실체가 된다. 방문 횟수를 늘릴수록 아이들의 마음에는 이해심이 자라난다. 아이들은 겁을 내거나 우월감을 가지고 동정하는 대신 진심으로 사람들을 대하고 상대를 존중하게 된다. 교사이자 작가인 레나는 자기 가족의 경험을 들려주었다.

일을 복잡하게 만들 필요는 없지만, 아이들에게 사람을 존중하는 법을 보여주는 건 아주 중요합니다. 어른들이 직접 행동으로 보여주지 않으면 아무리 말을 해도 소용없어요.

멕시코에 살 때 멕시코시티 외곽에 있는 판자촌에서 자원 봉사를 하곤 했습니다. 아픈 사람들에게 약을 배달하거나 사람들 집에 방문하는 일이었어요. 하루는 아이들이 쉬는 날이라 함께 갔습니다. 그런데 가는 곳마다 사람들이 뭔가를 대접하려고 하는 거예요. 따뜻한 소다나 주스 같은 걸요. 자기가 가진 것 중에 제일 좋은 걸 대접하려는 모습을 아이들이 생생히 지켜봤죠. 그리고 정말 감사하게 그 마음을 받았습니다.

아이들이 부자와 빈자의 구분 없이 모든 사람을 존경하며 존엄하게 대했으면 좋겠어요. 멕시코에는 이런 말이 있습니다. "돈을 얻는 것보다 친구를 얻는 것이 훨씬 낫다." 제 아이들은 지금 이 말을 실감하고 있습니다.

오늘날에는 어린아이들까지 테러와 전쟁, 지구 온난화, 굶주림에 관한 뉴스를 쉽게 접한다. 이런 소식을 들으면 아이들은 겁을 내게 마련이다. 하지만 아이들에게는 사랑과 연민이 미움이나 무관심보다 힘이 세다는 단순한 믿음이 있고, 덕분에 이러한 공포를 다른 사람을 위해 무언가를 하고 싶은 마음으로 바꿀 줄 안다. 나는 이런 아이들의 믿음을 세계 곳곳에서 목격했다. 그래도 여전히 이런 믿음을 갖도록 격려하는 부모의 역할이 중요하다. 세상을 만드신 하나님이 아이들 개개인을 인격적으로 사랑하신다는 이야기를 부모에게 들으면 아이들 마음속에는 무슨 일이 일어나도 혼자가 아니라는 확신이 생긴다.

공립학교에서 하나님과 예수님에 대해 가르치는 것이 '불법'이 되어버린 이 시대에도 나는 한 사람의 목사로서 교사들에게 자신의 믿음을 실천하는 것을 두려워하지 말라고 말하고 싶다. 매일 아이들과 함께 지내면서 조용히 믿음을 실천하라. 아이들 속에 살아 있는 영원의 불꽃을 지켜라. 아무리 까다롭게 굴고 기분 나쁜 행동을 해도 아이들의 영혼을 변함없이 소중히 여기고 존중하라. 하나님이 모든 것을 알고 계시고 천사들이 자기들을 지키고 있고 예수님이 친구가 되어주신다는 사실을 아이들이 믿게 되면, 아이들 스스로 우리 문화에 밀려드는 압력에 맞설 힘을 얻게 될 것이다.

숭상하는 마음으로 아이들에게 말해야 할 것이 또 있다. 탄생과 죽음의 신비는 영원이라는 용어로만 표현할 수 있다고 생각한다. 나는 이러한 사실을 말 대신 행동으로 믿음을 실천하셨던 부모님에게 배웠다. 또한 말도 한마디 못하는 누군가를 통해 언어를 뛰어넘는 위대한 무언가를 직접 경험하기도 했다. 이 세상에 아주 잠시 살았던 누군가가 주변 사람들의 인생을 송두리째 바꾸어놓는 것을 목격했다.

여동생 마리앤은 내가 여섯 살 때 죽었다. 온 가족이 마리앤이 태어나길 애타게 기다렸다. 어머니가 60시간이 넘는 진통 끝에 생명의 위협을 받으며 동생을 낳으셨다. 파라과이의 열악한 병원에서 위험을 무릅쓴 출산 과정을 거치고도 살아나신 건 기적이었다. 하지만 태어날 때부터 위독했던 동생은 24시간 만에 숨을 거두었다. 우리 집은 병원에서 멀리 떨어져 있었고 당시 나는 너무 어려서 동생의 얼굴을 볼 수도 만질 수도 안을 수도 없었다. 하지만 수십 년이 지난 오늘까지도 그때의 일을 기억한다. 마리앤은 나와 가족의 일부였고, 우리가 언제나 한가족이라는 사실은 시간이 지날수록 더 또렷해지고 중요해졌다. 이 땅에 머문 시간은 겨우 하루였지만, 마리앤은 변함없이 내 동생이다.

그로부터 수십 년이 지난 뒤에 손녀 스테파니를 통해 하늘과 땅이 연결되는 순간을 다시금 경험했다. 나의 가슴속에 영원히 남을 이 특별한 아이에게는 태어날 때부터 심각한 증상이 있었다. 뇌신경계를 비롯해 여러 장기에 선천성 기형을 동반하는 파타우 증후군이었다. 의사들은 스테파니가 오래 살지 못할 거라고 했다. 파타우 증후군을 앓은 아기들은 대부분 며칠 만에 세상을 떠났다고 했다.

스테파니에게는 언니 셋과 오빠 하나가 있었다. 아이들은 왜 부모님이 그렇게 기다렸던 건강한 동생 대신 심각한 장애가 있어서 오래 살지 못할 아기를 집으로 데리고 오게 되었는지 이해하지 못했다. 우리는 하나님의 뜻이 이루어지기를, 우리가 이 아이의 탄생 속에 담긴 뜻을 이해하게 되기를 간절히 기도했다.

할아버지와 할머니로서 거의 매일 스테파니를 품에 안는 일은 아내와 나에게 아주 신비로운 경험이었다. 스테파니는 5주 후에 평화롭게 숨을 거두었다. 많은 사람이 장례식에 참석했다. 많은 이들이 스테파니가 태어났고 파타우 증후군 진단을 받았다는 소식을 듣고 우리 가족과 마음을 나누었다. 스테파니는 이미 많은 이들의 아이였고 그들은 스테파니를 떠나보내는 마지막 순간에 함께했다.

이웃은 물론이고 여러 곳에서 많은 사람이 찾아왔다. 건설 노동자들, 스테파니의 언니와 오빠의 선생님과 반 친구들, 군청 관리, 지역 보안관과 경찰들…. 관을 내리고 흙을 덮을 차례가 되자 참석자들이 돌아가며 숭상하는 마음으로 흙을 직접 관 위에 뿌렸다. 이 작은 아기는 5주라는 짧은 시간에 수많은 사람의 마음에 깊은 울림을 주었다.

스테파니는 잊히지 않았다. 하늘에서 내려오는 한 줄기 빛처럼 지금도 사람들을 비추고 그들의 삶을 바꾸고 있다. 그 아이를 우리 가족과 모든 이에게 주신 하나님께 지금도 우리 부부는 감사한다.

세상에는 스테파니 같은 아이가 많다. 모든 아이는 하나님의 계획의 일부이고 그분은 절대 실수하지 않으신다고 나는 굳게 믿는다. 장애가 있는 아이의 삶에는 특별한 의미가 있다. 그런 아이와 마주칠 때는 서둘러 지나가지 말고 멈추어 서서 주의를 기울여야 한다. 그 아이들이 우리에게 가르치는 조건 없는 신뢰와 사랑을 느껴야 한다.

사람을 가치나 지식, 매력으로 판단하는 탓에 이 세상에는 환

영이나 인정을 받지 못하는 사람이 많다. 하지만 우리가 아이들을 진정으로 사랑한다면, 모든 아이를 두 팔 벌려 환영할 것이다. 예수님은 말씀하셨다. "누구든지 내 이름으로 이런 어린이들 가운데 하나를 영접하면, 그는 나를 영접하는 것이요."

십 대 시절에 가톨릭 노동자 운동을 창설한 전설적인 평화주의자 도로시 데이를 만나 열띠게 토론한 적이 있다. 도로시는 자유분방했던 젊은 시절에 유산한 경험이 있지만, 몇 년 뒤 딸 타마르를 낳았다. 아기를 낳은 뒤 도로시는 이렇게 적었다. "아무리 무감각하고 불손한 사람이라도 창조라는 엄청난 사실 앞에서는 경외심으로 떤다. 세상 사람들이 아이의 탄생을 두고 아무리 무심하고 아무리 냉소를 퍼부어도 탄생은 영적으로도 육체적으로도 엄청난 사건이다."[7] 타마르의 탄생이 어머니의 삶을 바꾸어놓은 것처럼 아이의 탄생은 늘 사람들을 변화시키는 힘이 있다. 태어나면서 바로 숨을 거두거나 어린 나이에 우리 곁을 떠나는 아이들 역시 마찬가지다.

하나님을 믿든지 안 믿든지 우리는 모두 자기가 맡은 아이들을 사랑하고 존중해야 한다. 그러면 아이들 안에 깃들어 있는 생명에 대한 경외심이 깨어나 자신뿐 아니라 다른 사람을 소중히 여기고 각 사람의 개성을 존중하게 도울 것이다. 그때 비로소 우리는 자신이 어떤 목적과 책임을 가지고 이 세상에 태어났는지 진정으로 이해하게 된다.

Chapter 10

곧 내일이 온다

우리가 아이들에게 남겨줄 유산 중에
끝까지 남을 것은 두 가지뿐이다.
하나는 뿌리이고, 다른 하나는 날개다.

| 헨리 워드 비처 |

아이들이 자라는 모습을 지켜보는 것만큼 즐거운 일은 없다. 아이들이 인격을 함양하는 과정을 가까이에서 보면서 이 아이의 미래는 어떤 모습일까 생각하기도 한다. 하지만 잊지 말아야 할 것이 있다. 아이들을 돌보면서 생기는 필요와 요구에 바로 지금 답해야 한다는 사실이다. 아이들의 이름은 오늘이다. 필요한 지도와 안정, 사랑을 지금 받아야 할 존재들이다. 머지않아 아이들 혼자 힘으로 날아올라야 할 시간이 올 텐데, 그때까지 아이들을 기다리게 할 수는 없다.

시인 칼릴 지브란은 이 강력한 진실을 이렇게 표현한다.

그대들은 활, 그대들의 아이들은 마치 살아 있는 화살처럼

그대들을 떠나 앞으로 날아간다.

사수이신 하나님은 무한의 길 위에 표적을 겨누고

그분의 화살이 더 빨리, 더 멀리 날아가도록

온 힘으로 그대들을 구부리신다.

사수이신 하나님의 손길로 그대들이 구부러지는 것을 기뻐하라.

그분은 날아가는 화살을 사랑하시는 만큼,

흔들리지 않는 활도 사랑하시니.[1]

살아 있는 화살이 더 빨리 더 멀리 날아가기를 부모들이 얼마나 간절히 바라는지 모른다. 흔들리지 않는 활이 되기 위해 얼마나 애를 쓰고 있는지 모른다. 사실 단 한 명이라도 아이를 기르는 것은 절대 작은 일이 아니다. 인격이 형성되는 시기를 잘 지도하고 혼란스러운 사춘기에 길잡이가 되어주고 책임감 있는 어른으로 성장하도록 이끄는 것은 절대 쉬운 일이 아니다. 아이가 자라 어른이 되는 이 여정은 하나의 모험이다. 든든한 화살이 되려는 아주 헌신적인 부모들도 가끔 한쪽으로 휘어지는 상황을 경험하게 마련이다.

학생 생활 지도 교사인 에드는 부모가 가르친 가치관에서 아주 멀리 아주 빨리 달아나버리는 아이들은 십중팔구 어렸을 때 과잉보호를 받은 아이들이라고 말한다. 단 한 번도 하늘을 날 기회를 얻지 못한 탓이란다.

닉이라는 청년은 고등학교 때까지만 해도 부모님과 그럭저럭 잘 지냈습니다. 공손하고 다정한 모범생이었죠. 그런데 집을 떠나자마자 백팔십도로 바뀌었습니다. 술독에 빠져 살면서 섹스에 집착하고 도무지 자신을 주체하지 못했습니다.

카라라는 여학생도 있습니다. 카라는 부모님이 자신을 하나의 인격으로 존중하지도 않으면서 당신들을 본받길 바란다고 생각했습니다. 사실 카라는 끓어오르는 반항심을 감추고 지냈습니다. 자기는 절대 부모님이 이상적으로 생각하는 '착한' 아이가 될 수 없다고 믿었기 때문에 부모님이 엄격히 대하면 대할수록 부모님을 더 원망했습니다. 결국 집을 나가 캘리포니아에 있는 친척 집으로 갔고, 다시는 부모님과 연락하지 않겠다고 선언했죠.

두 청년의 부모는 자녀의 실수를 용납하지 않았고, 그 때문에 아이를 잘 양육하려 했던 노력이 물거품이 되었다. 사실 닉은 전형적인 사례다. 겉으로는 단정하고 배려심이 있어 보이던 아이는 어쩔 수 없이 순종하는 척하다가 부모의 손에서 벗어나자마자 백팔십도로 변했다. 부모가 손을 쓸 수도 없고 자신도 어찌할 도리가 없었다. 스스로 발을 딛고 설 기반이 사라졌기 때문이다. 카라의 사례도 꽤나 익숙하다. 자기 자식이 독립적인 하나의 인격체임을 잊은 부모는 자식을 존중하는 대신 자식을 자신의 소유물로 여기고 이런저런 요구를 하다 결국 딸의 저항에 부딪히고 말았다.

그러면 대안은 무엇일까? 간단히 말하자면 자유다. 나의 할아버지 말씀에 따르면, "위험한 상황에 확실하게 대처하는 본능을 주는 것은 걱정에 사로잡힌 어른의 과잉보호가 아니라 언제나 지켜보시고 돌보시는 그분에 대한 신뢰다. 아이를 자유롭게 놔두는 것이 아이를 보호하는 최상의 길이다."[2]

자유는 마음 내키는 대로 행동할 수 있는 면허증을 의미하지 않는다. 누구에게나 도로에서 역주행할 자유가 있다. 하지만 그 대가는? 부모로부터 독립하려는 욕구는 자연스러운 것이다. 하지만 모든 일에는 책임이 따른다는 것도 배워야 한다. 아무리 성숙하다고 해도 십 대 청소년을 방치하는 건 화를 자초하는 행위다. 내 친구 진의 이야기처럼 아이에게 해가 된다.

저는 모든 걸 용납하는 가정에서 자랐어요. 부모님이 그걸 원하셨죠. 어머니가 억압적인 환경에서 자라셨기 때문에 당신 자녀만은 다르게 키우고 싶어 하셨어요.

아버지는 우리가 '절대 진리란 없다'는 사실을 분명히 알기를 바라셨고, 편협한 생각을 지닌 사람들을 혐오하셨어요. 한번은 이렇게 말씀하셨죠. "뉴욕의 브루클린과 맨해튼 사이에 다리가 놓였다고 치자. 그게 차를 몰고 다리를 지나는 사람들에게는 좋은 일이지만, 다리 공사 때문에 집을 내놓아야 하는 사람들은 억울하지 않겠니? 그렇게 모든 것은 상대적이다. 어떤 사람에게는 좋은 일이 다른 사람에게는 안 좋은 일이지."

우리 집에서는 제가 하고 싶은 일이면 뭐든 할 수 있는 분위기였어요. 아버지는 "난로에 손을 대봐. 그러면 얼마나 뜨거운지 알게 될 테니까. 그렇게 직접 경험하면서 인생에 대해 배우는 거야"라는 식이셨죠.

집안일에 손 하나 까닥 안 해도 부모님은 뭐라고 하지 않으셨어요. 어머니는 제 방이 지저분하다고 불평하신 적은 있어도 제가 바뀌도록 조치를 취하신 적은 한 번도 없었고요. 한번은 제가 집을 나가겠다고 하니까 아버지는 아무렇지도 않게 말씀하셨어요. "그래, 짐 싸는 거 도와주마."

유년 시절에 대한 좋은 기억이 있는 건 사실이에요. 다만 우리 집에서는 어린아이 같은 천진난만함을 그리 중요하게 여기지 않았어요. 제가 집에 늦게 들어오거나 아예 외박을 해도 별 말씀이 없으셨죠. 성년이 되었을 때 저는 이미 안 해본 경험이 없었어요.

이런 관대한 분위기가 이상적인 가정의 요건이라고 여기는 십 대가 적지 않겠지만, 진의 생각은 달랐다. 원래 소심하고 수줍음이 아주 많은 성격인데 거기에 한계나 울타리가 없는 집안 분위기가 결합해 내적으로 심한 불안과 우울함을 느꼈다.

저는 진정한 기쁨이 뭔지 모르고 자랐어요. 왠지 속이 텅 빈 것만 같아서 뭔가 붙들 것을 애타게 찾았죠. 이제는 십 대 아이들을 둔 엄마인데도 아이들을 어떻게 도울지 막막해요. 아이들은 저처럼 공허해 하지 않았으면 좋겠어요. 아이들이 분명한 방향을 찾아 헤매는 게 눈에 보이는데도 정작 저는 줄 게 없네요. 저 역시 아직 발을 딛고 설 자리를 찾고 있는 중입니다. 마치 발이 끝도 없이 빠지는 모래 위에 서 있는 것 같아요.

균형을 잡는 것이 부모의 역할이지만, 자칫하면 자유방임이나 권위주의로 기울기 쉽다. 나의 할아버지는 이런 말씀을 하셨다.

어떤 아이들은 상상도 하지 못할 정도로 자유분방하게 자라서 내가 보기에는 심하게 버릇이 없고 행실이 나쁘다. 하지만 그래도 나는 공포심과 비굴함을 심어주는 것보다는 넘치는 자유가 백배 낫다고 생각한다. 아이에게 공포심을 심어주면 아이는 힘든 일이 있어도 절대 부모를 찾지 않기 때문이다. 어머니에게 언제든 속내를 털어놓을 수 있는 아이들은 행복하다. 자식의 입장을 이해해주는 어머니를 둔 아이들은 행복하다. 아이들이 믿고 모든 일에 조언과 도움을 구할 수 있는 활력 있고 성실한 아버지를 둔 아이들은 행복하다. 많은 이들이 그런 부모가 되길 바란다. 하지만 그러려면 지혜와 사랑이 필요하다.[3]

우리 남매들을 믿어주는 부모님이 안 계셨다면 나는 어떻게 되었을까 생각하곤 한다. 물론 부모님을 실망시키고 곤란하게 만든 적이 한두 번이 아니다. 하지만 그때마다 부모님은 거리를 두거나 자신을 탓하며 언짢아하는 대신 관계를 돈독하게 하는 기회로 활용하셨다. 아버지가 종종 하시던 말씀을 아직도 기억한다. "불신하며 하루를 사느니 차라리 믿었다가 배신당하는 쪽을 택하겠다."

이런 진심은 단번에 부모와 아이 사이를 가깝게 만든다. 뒤돌아보면 나의 성장에 영향을 끼친 선생님들도 그러셨다. 내가 무엇 때문에 전전긍긍하는지, 때로는 내가 직접 표현을 못할 때도 내 마음속에서 무슨 일이 일어나고 있는지 알아채셨다. 덕분에 나는 선생님을 신뢰하고 믿을 수 있었다. 선생님을 위해서라면 무엇이라도 할 생각이었다.

마음만 있으면 어떤 식으로든 아이들의 마음에 닿을 수 있다. 아이들이 왜 조용한지, 왜 반항하는지, 왜 고민하는지 이야기를 들어주고, 최소한 아이가 상처를 받았다는 사실을 알아주면 된다. 규칙이나 금지 따위는 별로 도움이 되지 않는다. 긴 설교나 아이를 떠보는 질문, 억지로 아이의 입을 열게 하려는 시도도 마찬가지다. 하지만 존중하는 마음을 보여주면 어김없이 효과가 나타난다. 아이를 존중하는 부모의 마음은 아이의 마음에 부모에 대한 존경심을 불러일으키기 때문이다. 영국에 사는 내 친구 바버라는 이렇게 회상한다.

한번은 내가 정말 낙담하고 어찌할 줄 몰라 하고 있을 때 아버지가 하루 휴가를 내시고 자연으로 나를 데리고 가셨어. 오랫동안 숲길을 걸은 다음 시골에 있는 한 식당에서 늦게 점심을 먹었지. 억지로 말을 시키지도 않으시고 어떤 충고도 하지 않으시더군. 그저 하루를 함께 보냈지. 하지만 나는 그날을 지금도 잊지 못해. 정말 내가 특별한 존재라고 느끼게 만든 날이거든.

그 뒤로 정말 내가 심각하게 우울한 시간을 보내고 있을 때 아버지는 런던 극장에서 하는 공연 티켓을 두 장 사셨어. 아버지와 단둘이…. 되돌아보면 아버지도 그 시절 내가 왜 그렇게 힘들어하는지 도무지 모르셨던 것 같아. 그리고 그때 아버지가 보여주신 모습이 나에게 얼마나 큰 의미가 있었는지 여전히 모르실 거야.

부모가 사랑을 보여주면 아이들에게는 안정감이 선물로 따라온다. 바버라의 이야기가 입증하듯이 가끔은 말도 필요 없다.

하지만 때로는, 특히 인격을 함양하는 단계에서는 말이 아주 값지게 쓰인다. 아이들이 "왜요?"라고 묻게 하고 자연스럽게 "그럼 제가 어떻게 할까요?"라고 말하도록 유도할 줄 아는 교사가 훌륭한 교사다. 오늘날 우리 사회는 그 어느 때보다 사람들에게 획일적인 삶을 강요한다. 모두가 같은 상표의 옷을 입고, 같은 식당 체인에 가서 밥을 먹고, 같은 잡지를 읽고, 같은 TV 쇼를 보고, 유명인의 스캔들이나 재난, 정치 뉴스를 놓고 똑같이 떠든다. 그러면서 우리는 우리가 우리의 주인이라고 생각하지만, 과연 자기 자신에 대해 생각하는 것이 가능하기나 한가? 프리드리히 포에스터는 이렇게 경고한다.

> 든든한 요새가 되는 개인의 개성이라는 이상이 없으면, 우리는 사회적 본능의 손쉬운 먹잇감이 되고 만다. 사람에 대한 두려움, 우리의 야망, 다른 사람을 기쁘게 하려는 사회적 욕구는 모두 군거群居 본능이다. 집단생활, 사람들의 왕래, 집단 구성, 여론의 위력과 표출은 점점 강력해지는 반면, 개인의 내면생활을 조직하는 일은 점점 약해지기만 한다. 진정한 개인은 개인주의라는 짙은 안개에 덮여 있다.[*]

아이들을 진정한 개인, 주류의 흐름에 단호히 맞설 줄 아는 청년으로 기르고 싶은가? 그렇다면 먼저 아이들을 믿어라. 늘 질문이 끊이지 않는 아이들은 지금 제 길을 가고 있는 중이다. 우리 역시 아이들과 함께 이렇게 물어야 한다. "왜 그런 걸까? 왜 그렇게 된 걸까, 어떻게 하면 바꿀 수 있을까?"

아이들이 에너지를 쏟을 대의를 찾게 돕는 것도 우리의 몫이다. 자신의 한계를 뛰어넘어 성장하고 무언가를 위해 자기를 온전히 내어줄 기회를 주면, 아이들은 자기에게도 무언가 기여할 것이 있다는 사실을 깨닫는다. 빅토르 프랑클의 말대로 "내 인생이 무슨 의미가 있을까?"라고 묻지 말고 "인생이 나에게 무엇을 요구하는 걸까?"라고 물어야 한다.[5] 이 세상은 바로 그들이 만들어갈 변화에 목말라 있다.

성실하게 기르되 자유를 주고, 보호하되 자신을 희생할 줄 아는 사람이 되도록 격려하고, 지도하되 물살을 거스를 줄 아는 사람이 되게 하라. 다음 이야기에 이 모든 역설이 담겨 있다.

열네 살이던 1943년에 우베 홀머는 열렬한 애국주의자로서 나치당의 이데올로기를 배우는 청소년 조직인 '히틀러 유겐트'에서 활동했다. 어느 날 그의 어머니는 아들의 방에서 〈다스 슈바르츠 코프스〉라는 나치 친위대 잡지를 발견했다. 아들이 집에 돌아오기를 기다린 어머니는 아들에게 절대 나치 친위대에 가입하지 말라고 애원했다. 하지만 우베는 이렇게 대답했다. "하지만 엄마, 그 사람들은 세상에서 제일 강한 군인들이에요. 죽을 때까지 싸운다고요."

어머니는 완강했다. "맞아. 유대인과 정치범을 총으로 쏜 자들도 바로 그들이지. 그런 집단을 위해 살고 목숨까지 내놓을 각오가 되어 있다는 말이냐?" 우베는 이렇게 묻던 어머니의 표정을 절대 잊지 못했다.

이듬해 전쟁에서 패한 나치군은 열다섯 살 소년들의 입대를 종용했다. 우베가 가입한 히틀러 유겐트 지부에서 100명의 소년이 나치 친위대에 자원했다. 하지만 우베는 거부했다. 그러자 히틀러 유겐트 지부장이 우베를 불러 가입하라고 명령했다. 이미 작성이 끝난 입대 지원서를 내밀며 서명을 종용했다. 우베는 계속 거부했다. 그 대가로 전체 단원이 모인 앞에서 모욕을 당했고 그동안 누리던 특권을 모두 박탈당했지만, 우베는 고집을 꺾지 않았다. 훗날 그는 이렇게 말했다. "어머니에게 감사해요. 용기를 내어 제게 문제를 제기하셨고 제가 옳다고 믿는 것을 위해 살라고 자신감을 심어주셨으니까요."

전쟁이 끝나자 동독 지역에 살던 우베는 결혼을 하고 목사가 되어 간질병 환자와 정신지체자를 섬기는 기독교 공동체를 설립했다. 하지만 홀머 가족은 이런 목회 활동으로 여러 해 동안 괴롭힘을 당해야 했다. 특히 에리히 호네커 정권 아래에서 핍박이 심했다. 하지만 1989년에 베를린 장벽이 무너지고 에리히 호네커가 유럽인이 가장 증오하는 인물로 몰려 자리에서 물러났을 때 이 병든 독재자를 받아들인 사람은 다름 아닌 우베와 그의 아내였다. 살해 위협이 거세고 집 밖에서는 반대 시위가 끊이지 않았지만 두 사람은 뜻을 굽히지 않았다.

그 자체로 참으로 인상적인 이야기다. 그렇다. 불복종은 곧 죽음을 의미하던 그 시대 그 나라에서 그는 권위에 도전하는 용기가 있었다. 여러 해 뒤에는 오해와 조롱 속에서 갈 곳이 없는 병든 도피자를 보호하기 위해 분노한 여론을 견뎌냈다. 이런 영웅적인 행동은 어릴 적에 받은 교육의 힘이 어떤 결과를 낳는지 잘 보여준다. 그리고 그가 보여준 용기의 원천을 잘 들여다보면 군

인 같은 용맹함 대신 사랑이 보인다. 어머니의 사랑, 그리고 우베의 사랑.[6]

아무리 건전한 교육 이론이나 유효성이 입증된 육아 철학이라도 사랑이 없으면 아무 소용이 없다. 야누슈 코르차크는 이론적 접근을 그리 좋아하지 않았다.

어떤 책도 어떤 의사도 본인의 섬세한 사색과 신중한 관찰을 대신하지 못한다. 기존 공식으로 채워진 책이 오히려 우리의 시야를 가리고 생각을 더디게 만든다. 다른 사람의 경험과 연구, 의견에 따라 사는 데 급급한 우리는 자신감을 잃고 사물을 스스로 관찰하는 능력마저 잃어버렸다. 부모들은 책 속에서 답을 찾을 것이 아니라 자기 안에서 찾아야 한다.[7]

부모와 교사는 모두 이 단순한 생각을 마음에 새겨야 한다. 어찌할 바를 모르는 아이들, 무시당하는 아이들, 사랑받지 못하는 아이들에게는 아무리 빈틈없는 교육 과정도 효과가 없다. 반대로 아무리 작은 행동이라도 사랑과 확신에 찬 행동은, 아무리 험난한 길이라도 아이들이 무사히 통과하도록 돕는다.

미국만 하더라도 수천 명의 아이가 당연히 받아야 할 사랑조차 받지 못하고 허기 속에 벌벌 떨며 외롭게 잠자리에 든다. 자신을 낳아준 부모가 같은 집에 살고 있지만, 정작 부모는 손톱만 한 사랑도 보여주지 않는다. 빈곤과 범죄의 악순환이 아버지나 어머니를 덮친 경우도 많고, 부모 둘 다 감옥에 있는 아이들도 있다.

가족이 이런 일을 경험하면 사람들은 흔히 숙명론에 빠진다. 그렇다고 그런 비관론으로 끝을 내야 할까? 도로시 데이는 이렇게 쓴다.

모든 게 헛되다는 체념은 오늘 우리가 할 수 있는 최악의 생각이다. 사람들은 이렇게 말한다. "한 사람이 무슨 일을 할 수 있어? 우리가 하는 작은 노력이 무슨 의미가 있어?" 하지만 그건 우리가 한번에 벽돌 하나만 쌓을 수 있고, 한 번에 한 걸음만 내디딜 수 있음을 망각한 말이다. 지금 이 순간 우리는 오직 한 가지 행동만 책임질 수 있다.[8]

도로시의 이 말은 어떤 그림을 생각나게 한다. 어두운 방에 사람이 가득하다. 사람들은 저마다 불 꺼진 양초를 들고 있다. 그때 어떤 사람이 촛불을 들고 방에 들어와 가까이 있는 사람의 초에 불을 붙인다. 불을 받은 사람은 옆 사람의 초에 불을 붙이고 어느새 환한 불빛이 방을 가득 채운다.

이 그림을 생각하면 화려한 팡파르나 대가도 없이 긴 세월을 마다 않고 묵묵히 일하는 교사들이 떠오른다. 그들이 불을 붙여준 촛불은 금세 보이지 않는 곳으로 사라진다. 좋은 교사는 촛불

하나하나의 운명을 궁금해할 것이고 어느 곳에서든 계속 빛을 내길 기도할 것이다. 우리는 이 빛들이 계속 밖으로 나아가고, 어떤 촛불이 꺼지면 다른 사람이 손을 내밀어 다시 불을 붙일 거라고 믿는다. 어떤 부모들은 서너 개의 촛불이 시야에서 사라지는 걸 경험한다. 교사들은 한 해의 촛불을 다 켜고 난 뒤에 곧바로 다음해를 준비한다. 모두 엄청난 힘과 사랑을 요구하는 일이다.

나는 늙어가고 나의 삶도 끝을 향하고 있다. 하지만 아직 남아 있는 힘을 내 손이 닿는 사람, 특히 아이들을 위해 쓰고 싶다. 40년 넘게 학교에서 일하고, 또 인생의 어려움에 맞서 싸우는 여러 가족과 퇴역 군인, 수감자를 상담하면서 인간의 고통과 비극을 지켜보았다. 그리고 많은 경우 그 고통의 뿌리가 유년 시절에서 비롯된 것을 확인했다.

아주 극한 상황에서도 상처를 입은 사람이 털고 일어나 자신이 잘못한 일을 바로잡고 용서를 구하고, 나아가 자신에게 상처를 준 사람을 용서하는 것도 보았다. 사람들은 자신을 용서하는 일을 가장 힘들어한다. 그래도 나는 여러 해 동안 사람들이 용기를 내어 폭력과 학대, 알코올 중독을 극복하고 자신이 유년 시절에 받지 못한 것들을 아이들에게 주는 모습을 지켜보았다.

행복하게 끝나는 이야기가 수없이 많지만, 더러는 반대의 경우도 있다. 그때는 우리의 억센 팔도 그들을 구하기에는 역부족인 것처럼 보인다. 만약 그들이 아이들이었다면, 곁에 누군가 있었다면, 그들을 안전하게 구해낼 수 있었을 것이다.

만약 우리 중 소수라도 위험에 처한 아이를 위해 힘과 시간을 기꺼이 내어준다면, 분명 많은 아이를 구할 수 있다. 모든 사랑의 행위가 그렇듯이 아주 보잘것없는 것이라도 절대 낭비되는 일이 없다. 나 한 사람의 힘은 적어 보이지만, 다른 사람과 힘을 합치면 세상을 바꿀 수 있다.

유년 시절을 규정하는 것이 여러 가지 있지만, 변하지 않는 것이 한 가지 있다. 유년 시절은 인생의 첫 번째 기억, 지울 수 없는 기억이 모이는 장소다. 그 기억은 우리가 인생을 사는 동안 계속 함께하고 바꿀 수 없는 배경이 된다. 따라서 아이들을 키우는 것은 효과적인 육아법을 안다고 해결되는 문제가 아니다. 교육적인 통찰이나 이론, 사상이 필요한 것도 아니다. 중요한 것은 우리가 아이들에게 주는 사랑이다. 그리고 그 사랑은 또 다른 사랑을 깨우는 힘이 있다. 이 사실은 세월이 아무리 흘러도 변하지 않는다. 도스토옙스키는 소설《까라마조프 씨네 형제들》에서 이렇게 말한다.

여러분의 아름다운 추억, 특히 부모님과 함께한 추억들은 미래에 숭고하고도 강렬한, 유익하고도 아주 건전한 기억이 될 겁니다. 이것만은 잊지 마세요. 어른들은 여러분의 교육 문제를 놓고 여러 가지 의견을 내놓지만, 유년 시절에 간직했던 아름답고 소중한 추억이 가장 훌륭한 교육이 될 겁니다. 인생에서 그런 추억을 많이 간직하면 한평생 구원받게 됩니다. 그런 추억 중에 단 하나라도 여러분의 마음속에 남게 되면, 그 추억은 언젠가 여러분의 영혼을 구원하는 역할을 하게 될 겁니다. 또한 아름다운 이 추억이 우리를 커다란 악으로부터 지켜줄 겁니다.'

▸

감사의 말

이 책을 위해 많은 사람이 도움을 주었다. 특별히 아내 버레나에게 감사한다. 원고를 읽고 또 읽으면서, 한 장 한 장 넘기고 또 넘기면서 꼼꼼히 검토해주었다. 다른 사람이 놓치는 실수를 잘 잡아내는 아내가 아니었다면, 이 책은 어설픈 모양새를 면치 못했을 것이다.

도움을 준 편집자와 연구자, 교정을 맡아준 분들에게 감사를 드린다. 에미 마리아 블라우, 해나 라임스, 모린 스윙어, 엘자 블라우, 트레버 와이저, 론다 존슨, 데릭 짐머만, 세라 윈터에게 감사한다.

끝으로 자신의 사적인 이야기를 이 책에 실을 수 있게 허락해준 분들에게 깊은 감사를 드린다. 직접 겪은 힘든 일을 털어놓는 건 용기가 필요한 일이다. 그들이 나눠준 지혜는 다른 이들의 인생길에 분명 힘이 되어줄 것이다.

주 ___

● **1장** ────────

1. 프랭클린 루스벨트의 라디오 연설에서 인용했다. Franklin D. Roosevelt, *White House Conference on Children in a Democracy*, Washington, D.C., January 19, 1940.

2. Dr. S. K. Paul, ed., *The Complete Poems of Rabindranath Tagore's Gitanjali: Texts and Critical Evaluation* (New Delhi, India: Sarup & Sons, 2006), 372.

● **2장** ────────

1. James Hughes, *Froebel's Educational Laws for All Teachers* (New York: D. Appleton and Co., 1897), 102.

2. Edward Miller and Joan Almon, *Crisis in the Kindergarten: Why Children Need to Play in School* (College Park, MD: Alliance for Childhood, 2009), 11.

3. Valerie Strauss, "Kindergarten Teacher: My Job is Now About Tests and Data – not Children. I Quit," *Washington Post*, March 23, 2014.

4. Maggie Dent, "We Must Stop Stealing Childhood in the Name of Education," *Teachers Matter*, 1st edition, 2014.

5. 핀란드 교육에 관한 더 자세한 내용은 다음 자료를 참고하라. Tom Burridge, "Why do Finland's Schools Get the Best Results?" *BBC World News America*, April 7, 2010.

6. Friedrich Froebel, *The Education of Man* (New York: D. Appleton and Co., 1900), 55; 프리드리히 프뢰벨, 《인간의 교육》, 정영근 옮김, 지만지고전천줄, 2009.

● **3장** ─────────

1. Katie Hurley, "Stressed Out in America: Five Reasons to Let Your Kids Play," *Huffington Post*, February 28, 2014.

2. Jeff Yang, "Tiger Babies Bite Back," *The Wall Street Journal*, May 14, 2013.

3. 작가 겸 강사 폴 터프의 홈페이지를 참고하라. http: www.paultough.com/about-paul/qa; How Children Succeed, Q&A: "How did writing this book affect you as a parent?"

4. Friedrich Foerster, *Hauptaufgaben der Erziehung* (Freiburg, Germany: Herder, 1959), trans. Plough Publishing House.

5. Jessica Lahey, "Why Parents Need to Let Their Children Fail," *Atlantic*, January 29, 2013.

6. Naomi Schaefer Riley, "Dads: The Antidote to Helicopter Parenting," *New York Post*, May 5, 2014.

7. Jane Tyson Clement, *No One Can Stem the Tide: Selected Poems* (New York: Plough Publishing House, 2000), 39.

● **4장** ─────────

1. Graeme Paton, "Infants Unable to Use Toy Building Blocks Due to iPad Addiction," *Telegraph*, May 30, 2014.

2. Kim John Payne, *Simplicity Parenting: Using the Extraordinary Power of Less to Raise Calmer, Happier, and More Secure Kids* (New York: Ballantine Books, 2010), 173.

3. Matt Richtel, "A Silicon Valley School That Doesn't Compute," *New York Times*, October 22, 2011.

● **5장** ─────────

1. 마케팅 통계는 다음 자료를 참조하라. D.G. Singer & J. L. Singer, eds. *The*

Handbook of Children and the Media (Thousand Oaks, CA: Sage, 2000), 375–393.

2. 다음 책 설명에서 발췌했다. Jeffrey J. Froh and Giacomo Bono, *Making Grateful Kids:The Science of Building Character* (Templeton Press, 2014).

3. Hattie Garlick, "Successful Parenting Without Spending Money: a Mother's Story," *Telegraph*, August 5, 2013.

● 6장 ───────────

1. Marcy Musgrave, "Generation Has Some Questions," *Dallas Morning News*, May 2, 1999.

2. Fyodor Dostoyevsky, *The Brothers Karamazov* (New York: Random House, 1950), 383; 표도르 미하일로비치 도스또예프스키, 《까라마조프 씨네 형제들》 (상), 이대우 옮김, 열린책들, 2002.

3. Barbara Kingsolver, "Either Life is Precious or It's Not," *Los Angeles Times*, May 2, 1999.

4. Malcolm X, *The Autobiography of Malcolm X* (New York: Ballantine Books, 1987), 411.

5. Trent Toone, "Ravi Zacharias Discusses the Bible, His Life, Families, and Religious Freedom," *Deseret News*, January 18, 2014.

● 7장 ───────────

1. Dorothy Law Nolte, *Children Learn What They Live:Parenting to Inspire Values* (Workman Publishing, 1998), vi; 도로시 로 놀테, 레이첼 해리스, 《아이들은 생활 속에서 배운다》, 김선아 옮김, 오리진하우스, 2011.

2. Betty Jean Lifton, *The King of Children:The Life and Death of Janusz Korczak* (New York: St. Martin's Press, 1997), 80.

3. Anthony Bloom, *Beginning to Pray* (Mahwah, NJ: Paulist Press, 1970), 5.

4. The Editorial Board, "Giving Up on Four-Year-Olds," *New York Times*, March 26, 2014.

● **8장** —————

1. 리탈린에 관한 통계는 다음 웹페이지를 참조하라. http://www.pbs.org/wgbh/ pages/frontline/ shows/medicating/drugs/stats.html

2. NewsMax.com에 실린 2000년 3월 29일 피터 브레긴과 전염병 학자 마이클 새비지의 인터뷰에서 인용했다.

3. 2010년 2월에 올라온 "템플 그랜딘: 세상은 왜 자폐를 필요로 하는가?"라는 동영상을 참조하라. http://www.ted.com/talks/temple_grandin_the_world_needs_ all_kinds_of_minds?language=ko

4. Carl C. Gaither and Alma E. Cavazos-Gaither, eds., *Gaither's Dictionary of Scientific Quotations*, 2nd edition, (New York: Springer, 2012), 483, 1956.

5. Thomas Lickona, *Raising Good Children* (New York: Bantam Books, 1994), 125.

6. 어떤 학생들이 쓴 "너는 아주 특별해"라는 글은 뉴욕경찰서 수사관이자 강사인 스티븐 맥도날드가 '폭력의 고리 끊기' 팀원들에게 처음 소개했다. 그 뒤로 우리는 이 글을 다른 학생들과도 나누고 있다.

● **9장** —————

1. Herman Hesse, Vivos Vocos, March 1919.

2. Diane Levin, *Beyond Remote-Controlled Childhood:Teaching Young Children in the Media Age* (Washington DC: NAEYC, 2013), 16, 37. Copyright © 2013 National Association of the Education of Young Children®.

3. Helen Handley and Andra Samelson, eds., *Child: Quotations about the Delight and Mystery of Being a Child* (New York: Penguin Books, 1990), 74.

4. Eberhard Arnold, *Children's Education in Community* (New York: Plough Publishing House, 1976), 13-14.

5. Erich Maria Remarque, *The Road Back* (Fawcett Publishing, 1998), 252-255.

6. Gordon, Mary, *Roots of Empathy:Changing the World,Child by Child* (Toronto: Thomas Allen Publishers, 2005), 5-6; 고든 메리, 《공감의 뿌리: 아이들 한 명 한 명이 세상을 바꾼다》, 문희경 옮김, 샨티, 2010.

7. Stanley Vishnewski, comp., *Dorothy Day:Meditations* (Newman Press, 1970), 10.

● **10장** ─────────

1. Kahlil Gibran, *The Propet* (Eastford, CT: Martino Fine Books, 2011), 26.

2. Eberhard Arnold, *Children's Education in Community* (New York: Plough Publishing House, 1976), 23.

3. 에버하르트 아놀드가 약혼자 에미 본 홀란더에게 보낸 날짜가 적혀 있지 않은 편지(1908년 10월로 추정).

4. Friedrich Foerster, *Hauptaufgaben der Erziehung* (Freiburg, Germany: Herder, 1959), Plough Publishing House translation.

5. Viktor Frankl, *The Doctor and the Soul:from Psychotherapy to Logotherapy* (Vintage, 1986), xxi.

6. 우베의 이야기는 책과 잡지, 인터넷 등에 소개되어 있다. 이 책에 인용한 부분 은 다음 자료를 참조했다. Thomas Lackmann, "Beim Abschied umarmten wir uns" (an interview with Uwe Holmer), *Der Tagesspiegel*, Beilage Weltspiegel Nr. 16860.

7. Janusz Korczak, *Loving Every Child:Wisdom for Parents* (New York: Workman Publishing, 2007), 1.

8. Dorothy Day, *From Union Square to Rome* (Preservation of the Faith Press, 1938), 127.

9. Fyodor Dostoyevsky, *The Brothers Karamazov* (New York: Random House, 1950), 938; 표도르 미하일로비치 도스또예프스키, 《까라마조프 씨네 형제들》 (하), 이대우 옮김, 열린책들, 2002.